DDR Koch- und Backbuch

Weltbild

Inhalt

KOCHEN

BACKEN

Ein kulinarischer Streifzug durch die DDR

Bestimmt wurde der Speiseplan in der DDR vom Warenangebot. Oft genug hörte man beim Einkaufen das berüchtigte „Ham wa nich!“. Grundnahrungsmittel wie Kartoffeln, Brot, Butter, Milch und Käse waren stark subventioniert und immer erhältlich, aber die Ernährung war durch das mangelhafte Angebot oft zu einseitig und viel zu ungesund. Falls es etwas Besonderes wie Bananen oder Orangen gab, bildeten sich vor den Läden lange Schlangen. Die begehrten Früchte gab es dann aber nur auf Zuteilung und auch nur, solange der Vorrat reichte.

Äpfel, Weiß- und Rotkraut bildeten die Grundlage für das Obst- und Gemüseangebot. Für mehr Abwechslung bei den Mahlzeiten versorgten sich viele Menschen über eigene Äcker oder Schrebergärten, die sogenannten Datschen. Beliebt waren auch Tauschgeschäfte und „Bück-dich-Waren“. So nannte man Artikel, die es selten gab und die die Verkäuferinnen für ausgewählte Kunden unter dem Tisch hervorholten. Fuhr jemand aus der Provinz nach Berlin, hatte er eine lange Liste mit Wünschen von Freunden, Nachbarn und Kollegen dabei. Die Hauptstadt wurde bei der Verteilung der Lebensmittel bevorzugt und hatte daher auch mehr im Angebot. So half man sich untereinander bei Engpässen und passte seinen Alltag sowie die Rezepte den Gegebenheiten an.

Von den 1950ern bis hin zu den 1980er-Jahren

Die Nachkriegsküche nutzte alles, was vorhanden war. Aus den unwahrscheinlichsten Zutaten entstanden leckere Gerichte. In den 1950er-Jahren gab es noch Lebensmittelkarten, gekocht wurde mit Ersatzstoffen und der eigene Garten wurde zum unverzichtbaren Lieferanten für Obst, Gemüse und Kräuter. Deutsche Hausmannskost kam verstärkt auf den Tisch, später ergänzt durch die Lieblingsspeisen der benachbarten Ostblockländer. Unvergesslich sind der Fernsehkoch Kurt Drummer und der Fischkoch Rudolf Kroboth, die Inspirationen lieferten zu allem, was es im Konsum und in der HO (Handelsorganisation) zu kaufen gab. In den 1960er- und 1970er-Jahren wurde das Nahrungsmittelangebot etwas breiter aufgestellt und auch Elektrogeräte, Geschirr & Co. entwickelten sich. Doch bis in die 1980er-Jahre ging es darum, vieles zu ersetzen und auszuprobieren. Denn auch jetzt noch waren Ideen und Improvisation gefragt – zwei Hauptzutaten der DDR-Küche.

Die DDR als Teil der internationalen sozialistischen Staatengemeinschaft

Im Laufe der Jahre hat die DDR eine ganz eigene kulinarische Kultur entwickelt. Es entstanden mit einer gehörigen Portion Ideenreichtum viele Rezepte, die bis heute von Generation zu Generation weitergegeben werden. Der Mangel einerseits und das Überangebot andererseits hatten zur Folge, dass häufig Deftiges wie Würzfleisch, Leber Berliner Art oder Kochklopse serviert wurden. Beim Backen durfte es süß und kalorienhaltig sein. Auch die Einflüsse anderer Länder waren spürbar. Neben heimischem Hoppel Poppel wurden russische Soljanka und ungarisches Letscho auf den Tisch gebracht. In Schulen und Kantinen entstand eine typische DDR-Erfindung: das Jägerschnitzel. Das waren gebratene Jagdwurstscheiben, die mit Nudeln und Tomatensoße serviert wurden. Den beliebten Broiler gab es am Imbiss und in Restaurants. Die großen Mengen an Hähnchen wurden vom Kombinat Industrielle Mast (KIM) geliefert.

Delikat-Läden, Intershops und die Kaffee-Krise

Wer das nötige Klein- bzw. „Westgeld" hatte, konnte ab den späten 1960er-Jahren in den Intershops einkaufen. Vorher war es verboten, Valuta zu besitzen. Jetzt konnte man begehrte Westartikel erwerben und damit auch seine kulinarischen Sehnsüchte erfüllen. Die Delikat-Läden eröffneten ab 1976 und boten Lebensmittel aus Importen an. Hier gab es dann „Halberstädter Würstchen", „Radeberger Pilsner" und guten Kaffee. Man konnte mit DDR-Mark bezahlen, allerdings waren die Preise sehr hoch. Eine Dose Ananas kostete ca. 12 Mark. Zum Vergleich: Der durchschnittliche Verdienst im Monat lag um die 600 bis 800 Mark.

1977 kam es zur Kaffee-Krise. In der DDR wurde oft und gerne Kaffee getrunken. Doch die dramatischen Preisanstiege auf dem Weltmarkt hatten auch hier Auswirkungen. Kosta – die preiswerte, gern gekaufte Kaffeesorte – wurde eingestellt, dafür gab es den neuen Kaffee-Mix, im Volksmund „Erichs Krönung". Der Kaffee war nicht nur ungenießbar, sondern zudem versagten Kaffeemaschinen in Küchen

und Gaststätten den Dienst, denn das Pulver mit anteiligem Erbsenmehl quoll auf und verstopfte die Düsen. Es kam zu unzähligen Eingaben und Reklamationen. Mit Erfolg: Die Kaffeeproduktion des Kaffee-Mix wurde eingestellt.
Für Kaffeenachschub in dieser Zeit sorgten vor allem die beliebten „Westpakete“. Ab 1978 sanken die Weltmarktpreise für Rohkaffee wieder; die Politführung konnte aufatmen.

Getränke in der DDR
Alkohol war eine wichtige Einnahmequelle für die DDR-Wirtschaft. Und er wurde gerne und reichlich konsumiert. Neben Wasser und Saft waren es vor allem Bier und Spirituosen wie der „Goldi“ (ein Weinbrandverschnitt), Kräuter- und Kaffeelikör sowie Schnaps. Radeberger Pilsner und Rotkäppchen-Sekt sind bis heute bekannte Marken.

Backen in der DDR
Backen für Gäste war oftmals eine vergnügliche Angelegenheit – nicht die Beschaffung der Zutaten, aber die Vorfreude auf den Besuch. Und so wurde für köstliche Kuchen und Torten getauscht, „gehamstert“ und herangeschafft. Sahne beispielsweise war nicht immer erhältlich und sehr teuer. Hier hieß es rechtzeitig vorsorgen oder falsche Schlagsahne nutzen. Diese wurde aus Milch, Butter, Zucker und Sahnesteif selbst hergestellt. Auch bei der weihnachtlichen Stollenbäckerei musste man kreativ sein. Bereits im Sommer mussten die Zutaten für die Stollen „gesammelt“ werden. Orangeat und Zitronat wurden entweder bei der Verwandtschaft angefragt und per „Westpaket“ geliefert oder es wurde Kandinat genutzt. Kandinat M diente als Ersatz für Orangeat und bestand aus gekochten, kandierten Möhren. Kandinat T war der Zitronatersatz aus kandierten grünen Tomaten. Auch Mandeln waren knapp. Für den Mandelersatz nahm man Pflaumenkerne. Diese wurden getrocknet und fein gemahlen.

Regionale Unterschiede und Besonderheiten
In der DDR-Küchentradition gab es starke regionale Unterschiede. In Mecklenburg war der Pannfisch beliebt, Brandenburg war für Fisch nach Spreewälder Art bekannt und Leber wurde vor allem nach Berliner Art mit Äpfeln und Zwiebeln zubereitet. Sachsen war damals und auch heute Ursprung vieler leckerer Backrezepte. So sind Dresdner Eierschecke und Dresdner Stollen bis heute bekannt und beliebt und auch Leipziger Lerchen stehen bei Fans von süßem Gebäck hoch im Kurs. In Thüringen war und ist vor allem die berühmte Rostbratwurst äußerst beliebt und Grillen war für viele Thüringer ein leidenschaftliches Hobby. Vor allem in der Sommerzeit sah man den Rauch der Holzkohle überall in den Gartenanlagen aufsteigen. Die Thüringer feierten gerne und ließen es sich

schmecken. Heute gibt es Bratwurst Thüringer Art auf Weihnachtsmärkten in ganz Deutschland – auch mit Ketchup. Undenkbar für echte Thüringer, denn zur Roster gehört traditionell Senf. Zu den Besonderheiten der DDR-Küche gehörten aber auch Ketwurst – der DDR-Hot-Dog – und Grilletta. Grilletta war die Antwort der DDR auf den westdeutschen Hamburger. Die typischste und beliebteste Nachspeise in der DDR war übrigens der Schwedeneisbecher. Er besteht aus Vanilleeis, Apfelmus, Eierlikör und Schlagsahne.

Vorräte in der DDR

Vorratshaltung war sehr wichtig. Lebensmittel wurden nicht nach Bedarf eingekauft, sondern dann, wenn sie im Laden vorhanden waren. Einlagern und Einkochen spielte daher eine große Rolle. Wer einen Schrebergarten hatte, legte Vorräte für Herbst und Winter an. Im Sommer wurde Obst und Gemüse „eingeweckt". Kartoffeln und Äpfel wurden in Stiegen eingelagert.
Dass die Menschen in der DDR sich zu helfen wussten, zeigt sich auch am Beispiel der WM66. Der preiswerte Toplader wurde nicht nur zum Wäschewaschen, sondern auch zum Einkochen genutzt. Der große Vorteil: Bei der Waschmaschine konnte das Wasser im Bottich auf bis zu 100 °C aufgeheizt werden. Deshalb eignete sich das Gerät bei Festlichkeiten oder Weihnachtsmärkten auch hervorragend zum Erhitzen von größeren Mengen Bockwürsten. Denn Bockwurstkessel gab es kaum.

Rezepte in diesem Buch

Viele Rezepte erlauben einen nostalgischen Blick zurück, auch wenn die vertrauten Zutaten nicht mehr alle erhältlich sind. So mussten an manchen Stellen Ersatzvarianten verwendet werden. Andererseits war es genauso in der DDR üblich. Genutzt wurde, was vorrätig war. Heute sind übrigens viele DDR-Marken wieder auf dem Markt, und wer sich noch an Kuko-Reis und Tempolinsen erinnert, kann diese im Internet bestellen. Dank fortgeschrittener Technik werden viele Gerichte heute auch anders und schneller zubereitet. Auf elektrische Rührgeräte, Schneidemaschinen und moderne Herde muss beim Kochen und Backen niemand verzichten. Auch heutige Lebensmittel sind mit denen aus der DDR-Zeit (die immerhin über 40 Jahre umfasste) nicht einfach gleichzusetzen. Alle Rezepte wurden so ausgewählt und bearbeitet, dass die Zutaten auch zu damaligen Zeiten erhältlich gewesen wären, wenn auch unter schwierigeren Bedingungen. Viel Spaß beim Nachkochen und Backen!

KOCHEN

Soljanka

Für 4 Portionen • Zubereitungszeit: ca. 45 Min.

Zutaten

250 g Wurst- oder Fleischreste (z. B. Jagdwurst, Schweinebraten)
150 g Zwiebel
2 EL Öl
1 l Fleischbrühe
3–4 EL Tomatenmark
Pimentkörner
Lorbeerblatt
1 kleine saure Gurke oder Gewürzgurke
1 rote Paprikaschote aus dem Glas oder Letscho
Salz
frisch gemahlener Pfeffer
Paprikapulver
1 TL Zucker
2 TL Zitronensaft oder Gurkenbrühe
4 Scheiben Zitrone
4 EL saure Sahne
Petersilie, Schnittlauch oder Lauchzwiebeln für die Dekoration nach Belieben

Zubereitung

1. Wurst- oder Fleischreste in Scheiben, dann in schmale Streifen schneiden. Zwiebel schälen und fein hacken. Öl in einem Topf erhitzen und Wurst- bzw. Fleischreste und Zwiebeln darin anbraten. Mit Brühe ablöschen und Tomatenmark zugeben. Piment und Lorbeerblatt zufügen.

2. Gurke klein würfeln, Paprika in Streifen schneiden und in den Topf geben. Alles bei geringer Hitze ca. 30 Minuten köcheln lassen. Mit Salz, Pfeffer, Paprikapulver, Zucker und Zitronensaft würzig abschmecken. Piment und Lorbeerblatt herausnehmen.

3. Soljanka heiß in Schälchen geben und mit je 1 Zitronenscheibe und 1 Esslöffel saurer Sahne garnieren. Nach Belieben mit gehackter Petersilie, Schnittlauch oder dem Grün von Lauchzwiebeln bestreuen. Dazu schmeckt ein frisches Brötchen oder getoastetes Weißbrot.

Pro Portion: ca. 237 kcal • 18 g EW • 14 g F • 8 g KH

Borschtsch

Für 4 Portionen • Zubereitungszeit: ca. 2½–3 Std.

Zutaten

500 g Suppenfleisch
1 Zwiebel
2 Lorbeerblätter
300 g Rote Bete
200 g Suppengrün
200 g Weißkohl
1 EL Essig
1 EL Zucker
2 EL Tomatenmark
Salz
frisch gemahlener Pfeffer
125 g saure Sahne

Zubereitung

1. Suppenfleisch mit ca. 1½–2 Liter kaltem Wasser in einen Topf geben und aufkochen. Zwiebel schälen und mit Lorbeerblättern zum Fleisch geben. Zugedeckt ca. 90 Minuten bei schwacher Hitze köcheln lassen. Fleisch herausnehmen. Brühe über einem Sieb abgießen und auffangen.

2. Rote Bete schälen und in Stifte schneiden. Suppengrün putzen bzw. schälen, waschen und klein würfeln. Weißkohl putzen, waschen und hobeln.

3. Rote Bete und Suppengrün in einen Topf geben und in etwas Brühe halb gar dünsten. Weißkohl, Essig und Zucker zufügen, mit etwas Brühe aufgießen und Tomatenmark einrühren. Bei geringer Hitze fertig garen. Mit Salz und Pfeffer abschmecken.

4. Suppenfleisch in kleine Würfel schneiden und zufügen. Borschtsch kurz aufkochen lassen und heiß in Suppenschalen füllen. Mit einem Klecks saurer Sahne garnieren. Dazu schmeckt Schwarzbrot.

Pro Portion: ca. 320 kcal • 28 g EW • 15 g F • 18 g KH

Tipp **Das Suppenfleisch kann bereits am Vortag gekocht werden.**

Weimarer Zwiebelsuppe

Für 4 Portionen • Zubereitungszeit: ca. 45 Min.

Zutaten

1 kg Zwiebeln
30 g Butter
1 l Gemüsebrühe
1 Schuss Weißwein
½ TL Kümmel
2 Brötchen
Salz
frisch gemahlener Pfeffer
Majoran
100 g geriebener Käse
1 Eigelb
etwas mittelscharfer Senf
Petersilie für die Dekoration

Zubereitung

1. Zwiebeln schälen und in feine Ringe schneiden. Butter in einem Topf erhitzen und Zwiebeln darin andünsten. Mit Brühe aufgießen, Weißwein und Kümmel zugeben und aufkochen. Zugedeckt ca. 20 Minuten köcheln lassen. Brötchen in je 4 Scheiben schneiden und in einer Pfanne ohne Fett auf beiden Seiten kurz anrösten. Backofen auf 220 °C (Umluft: 200 °C) vorheizen.

2. Suppe mit Salz, Pfeffer und Majoran abschmecken und auf 4 feuerfeste Suppenschälchen verteilen. Käse mit Eigelb und Senf vermischen und Brötchenscheiben damit bestreichen. Je 2 Brötchenscheiben auf eine Suppenschale legen und im vorgeheizten Backofen ca. 10–15 Minuten goldgelb überbacken. Mit gehackter Petersilie dekorieren und sofort servieren.

Pro Portion: ca. 312 kcal • 13 g EW • 16 g F • 27 g KH

Zudelsuppe

Für 1 Portion • Zubereitungszeit: ca. 15 Min.

Zutaten

400 ml Fleischbrühe
150 g Kartoffeln
2 Scheiben roher Schinken
1 EL Öl
Salz
frisch gemahlener Pfeffer
Majoran
½ Brötchen
1 TL gehackte Petersilie

Zubereitung

1. Brühe in einen Topf geben und aufkochen. Kartoffeln schälen, waschen und fein reiben. Unter Rühren in die Brühe geben und ca. 10 Minuten köcheln lassen. Schinken klein schneiden. 1 Teelöffel Öl in einer Pfanne erhitzen, Schinken darin anbraten und in die Suppe geben. Suppe mit Salz, Pfeffer und Majoran abschmecken.

2. Brötchen in Würfel schneiden. Restliches Öl in einer Pfanne erhitzen und Brötchenwürfel darin anrösten. Croûtons auf Küchenpapier abtropfen lassen.

3. Zudelsuppe in eine Suppenschale geben und mit Croûtons und gehackter Petersilie servieren.

Pro Portion: ca. 474 kcal • 19 g EW • 24 g F • 38 g KH

Eine einfache Mahlzeit Die erzgebirgische Zudelsuppe entwickelte sich aus einem typischen Armeleuteessen und bestand zu früheren Zeiten nur aus Kartoffeln, Wasser, Salz und Pfeffer. Mit der Zeit wurde das Rezept um würzige Einlagen wie Schinken, Wurst oder Salami erweitert.

Mecklenburger Pannfisch

Für 4 Portionen • Zubereitungszeit: ca. 45 Min.

Zutaten

750 g mehlig kochende Kartoffeln
Salz
600 g Fischfilet
1 TL Öl
etwas Milch
50 g Butter
frisch gemahlener Pfeffer

Zubereitung

1. Kartoffeln schälen, waschen und in ausreichend Salzwasser ca. 15–20 Minuten gar kochen. Fischfilet waschen und trocken tupfen. Öl in einer Pfanne erhitzen und Fischfilet darin braten.

2. Kartoffeln mit etwas Milch zu Kartoffelpüree verarbeiten. Fischfilet zerpflücken und mit Butter unter das Püree rühren. Mit Salz und Pfeffer abschmecken.

Pro Portion: ca. 416 kcal • 25 g EW • 20 g F • 31 g KH

Resteverwertung Pannfisch kam früher oft auf den Tisch, wenn vom Vortag noch Kartoffeln und Fisch übrig waren. An Sonntagen wurde Pannfischpüree mit gepökeltem Rindfleisch serviert und mit Salatblättern, Gewürz- oder Salzgurken und Petersilie garniert.

Fischfilet Spreewälder Art

Für 4 Portionen • Zubereitungszeit: ca. 30 Min.

Zutaten

1,2 kg Zanderfilet
Fischgewürz
2 Stangen Lauch
3 Möhren
½ Sellerieknolle
4 Zwiebeln
6 EL Öl
Salz
frisch gemahlener Pfeffer
250 g saure Sahne
1 EL Speisestärke
1 Salatgurke
1 Bund Dill

Zubereitung

1. Zanderfilet unter fließendem Wasser waschen, trocken tupfen und mit Fischgewürz marinieren. Gemüse putzen bzw. schälen, waschen und in feine Streifen schneiden. Zwiebeln schälen und fein hacken.

2. Öl in einer Pfanne erhitzen und Gemüse darin anschwitzen. Ca. 125 Milliliter Wasser zufügen und alles ca. 5 Minuten dünsten. Mit Salz und Pfeffer abschmecken.

3. Marinierten Fisch auf das Gemüse legen. Saure Sahne mit Speisestärke verrühren, über Fisch und Gemüse gießen und alles ca. 10 Minuten garen. Gurke schälen, entkernen und in feine Streifen schneiden. Dill waschen, trocken schütteln und Fähnchen fein hacken.

4. Fisch und Gemüse herausnehmen und warm stellen. Gemüsefond aufkochen, Gurkenstreifen und Dill zugeben. Soße bei Bedarf mit etwas Speisestärke binden.

5. Fisch mit Gemüse und Soße auf vorgewärmten Tellern anrichten. Als Beilage schmecken Reis oder Kartoffeln.

Pro Portion: ca. 595 kcal • 63 g EW • 31 g F • 14 g KH

Silvesterkarpfen

Für 5 Portionen • Zubereitungszeit: ca. 1 Std. und 30 Min.

Zutaten

1–1,5 kg küchenfertiger Karpfen
Salz
frisch gemahlener Pfeffer
125 g Mandeln
2 unbehandelte Zitronen
2 Zwiebeln
250 g Sahne
100 ml Weißwein
50 g Butter
Petersilie für die Dekoration

Zubereitung

1. Backofen auf 200 °C (Umluft: 180 °C) vorheizen. Karpfen mit Salz und Pfeffer von innen und außen würzen. Haut mit einem scharfen Messer etwas einschneiden und mit Mandeln spicken. 1 Zitrone waschen, trocken tupfen, Zitronenschale reiben und Saft auspressen. Zwiebeln schälen und klein schneiden.

2. Karpfen in einen Bräter legen und Zwiebeln, Zitronenabrieb und -saft, Sahne und Weißwein zugeben und alles im vorgeheizten Backofen ca. 30–40 Minuten garen. Karpfen ab und zu mit Flüssigkeit übergießen.

3. Butter in einem kleinen Topf schmelzen. Ca. 10 Minuten vor Ende der Garzeit Karpfen mit geschmolzener Butter bestreichen. Restliche Zitrone waschen, trocken tupfen und in Scheiben schneiden.

4. Karpfen aus dem Bräter nehmen und warm stellen. Aus dem Bratensatz eine Soße zubereiten. Silvesterkarpfen anrichten und mit Zitronenscheiben und Petersilie dekorieren. Dazu schmecken Salzkartoffeln oder Brot und Sauerkraut.

Pro Portion: ca. 648 kcal • 41 g EW • 49 g F • 5 g KH

Marinierte Heringe

*Für 6 Portionen • Zubereitungszeit: ca. 45 Min.
+ ca. 1½ Tage Ruhezeit*

Zutaten

12 Salzheringe
2 Möhren
½ Sellerieknolle
Salz
4 Zwiebeln
2 saure Gurken
1 Apfel
2 Lorbeerblätter
1 TL Senfkörner
12 Pfefferkörner
14 Pimentkörner
800 g saure Sahne
150 g Mayonnaise
1 Prise Zucker
etwas Essig
Worcestersoße
frisch gemahlener Pfeffer
etwas Dill
½ Zitrone

Zubereitung

1. Salzheringe ca. 12 Stunden wässern, enthäuten und entgräten. In mundgerechte Stücke schneiden.

2. Möhren und Sellerie putzen, schälen, waschen und in etwas Salzwasser bissfest kochen. In kleine Stücke schneiden. Zwiebeln schälen und fein hacken. Gurken fein würfeln. Apfel waschen, halbieren, Kerngehäuse entfernen und Fruchtfleisch klein würfeln.

3. Heringsstücke, Gemüse und Apfel in eine Schüssel geben, Lorbeerblätter, Senf-, Pfeffer- und Pimentkörner zufügen. Für die Marinade saure Sahne mit Mayonnaise verrühren und mit Zucker, Essig, Worcestersoße und Pfeffer abschmecken. Dill waschen, trocken schütteln, Fähnchen fein hacken und einen Teil unterheben. Marinade über Heringsstücke, Gemüse und Obst gießen. Schüssel abdecken und ca. 1 Tag kühl stellen.

4. Zitrone waschen und in Scheiben schneiden. Marinierte Heringe mit Dill und Zitronenscheiben garnieren und mit Pellkartoffeln servieren.

Pro Portion: ca. 930 kcal • 42 g EW • 83 g F • 13 g KH

Fisch für die Arbeiterklasse Die Versorgung mit fangfrischem Fisch in der DDR hat eine turbulente Geschichte. Kurz nach Ende des Zweiten Weltkriegs wurde eine Hochseeflotte aufgebaut, die bald zur größten der Welt zählte und die ostdeutschen Bürger mit jeder Menge Fisch versorgte. Ab den 1970er-Jahren ging es aber leider bergab mit den guten Fangquoten: Neu ausgewiesene Schutzzonen und Überfischung führten zu Fischmangel im ganzen Land.

Hoppel Poppel

Für 4 Portionen • Zubereitungszeit: ca. 40 Min.

Zutaten

1 kg vorwiegend festkochende Kartoffeln
Salz
1 Zwiebel
etwas Schmalz
200 g Schinkenwürfel
6 Eier
frisch gemahlener Pfeffer

Zubereitung

1. Kartoffeln schälen und in ausreichend Salzwasser ca. 15 Minuten bissfest kochen. Kartoffeln abgießen und in Scheiben schneiden. Zwiebel schälen und fein hacken.

2. Schmalz in einer Pfanne erhitzen und Kartoffeln darin goldbraun anbraten. Zwiebeln und Schinkenwürfel zugeben und kurz mitrösten.

3. Eier in eine Schüssel geben und mit Salz und Pfeffer verschlagen. Über die Kartoffeln gießen und stocken lassen.

Pro Portion: ca. 446 kcal • 25 g EW • 18 g F • 42 g KH

Traditionelles Resteessen Hoppel Poppel ist ein typisches Berliner Resteessen und eignet sich ideal, um Kartoffeln vom Vortag, Schinkenspeck oder Bratenreste zu verarbeiten. Serviert wird das Gericht oftmals mit Gewürzgurken. Alternativ passt auch ein frischer Salat dazu.

SOL

Hühnerfrikassee

Für 4 Portionen • Zubereitungszeit: ca. 2 Std. und 30 Min.

Zutaten

1 kg küchenfertiges Suppenhuhn
1 Pck. Suppengrün
2 Zwiebeln
1 Lorbeerblatt
Salz
250 g Spargel (aus der Dose)
250 g Champignons (aus der Dose)
70 g Butter
40 g Mehl
1 l Weißwein
frisch gemahlener Pfeffer
1 Prise Zucker
Saft und abgeriebene Schale von 1 unbehandelten Zitrone
Worcestersoße
100 g Sahne
2 Eigelb
Petersilie für die Dekoration

Zubereitung

1. Suppenhuhn waschen, trocken tupfen und in einen großen Topf mit heißem Wasser geben. Aufkochen lassen und abschäumen. Suppengrün putzen bzw. schälen, waschen und klein schneiden. Zwiebeln schälen und halbieren. Suppengrün, Zwiebeln und Lorbeerblatt zum Huhn geben, mit Salz würzen und alles zugedeckt ca. 1½-2 Stunden leise köcheln lassen. Huhn herausnehmen, Haut entfernen, Fleisch von den Knochen lösen und in etwas Hühnerbrühe warm stellen.

2. Spargel und Champignons über einem Sieb abtropfen lassen und klein schneiden. 20 Gramm Butter in eine Pfanne geben und Spargel und Champignons darin andünsten. Restliche Butter in einem Topf schmelzen, Mehl einstreuen und eine Mehlschwitze zubereiten. Mit etwas Hühnerbrühe, anfallender Flüssigkeit von Spargel und Champignons sowie Weißwein auffüllen, glatt rühren und kurz köcheln lassen.

3. Spargel und Champignons zugeben. Soße mit Salz, Pfeffer, Zucker, Zitronenabrieb und -saft sowie Worcestersoße pikant abschmecken. Sahne und Eigelbe unterrühren (Soße nicht mehr kochen!). Hühnerfleisch in der Soße erwärmen.

4. Hühnerfrikassee mit Reis anrichten und mit Petersilie garnieren.

Pro Portion: ca. 1166 kcal • 59 g EW • 77 g F • 19 g KH

Schweineleber Berliner Art

Für 4 Portionen • Zubereitungszeit: ca. 45 Min.

Zutaten

600 g Schweineleber
etwas Mehl
2 Zwiebeln
2 Äpfel
2 EL Butter
Salz
frisch gemahlener Pfeffer

Zubereitung

1. Schweineleber in dünne Scheiben schneiden und mit Mehl bestäuben. Zwiebeln schälen und in Ringe schneiden. Äpfel waschen, halbieren, Kerngehäuse entfernen und in Spalten schneiden.

2. Butter in einer Pfanne erhitzen und Leber darin von beiden Seiten anbraten. Zwiebelringe und Apfelspalten zugeben und alles bei geringer Hitze dünsten. Mit Salz und Pfeffer abschmecken.

3. Schweineleber Berliner Art anrichten. Dazu schmeckt Kartoffelpüree und ein Salat aus Möhren oder aus Weiß- und Rotkohl.

Pro Portion: ca. 286 kcal • 33 g EW • 14 g F • 6 g KH

Lecker und gesund Leber ist zwar nicht mehr so beliebt wie zu früheren Zeiten, schmeckt jedoch richtig zubereitet hervorragend und steckt zudem noch voller gesunder Inhaltsstoffe. Ihr hoher Eisengehalt kann einen Eisenmangel ausgleichen, Kalium und Zink stärken Kreislauf und Immunsystem und der hohe Retinolgehalt wirkt sich positiv auf die Hautgeneration aus. Schwangere sollte sie jedoch wegen ihres hohen Vitamin-A-Gehalts meiden.

Szegediner Gulasch

Für 5 Portionen • Zubereitungszeit: ca. 1 Std. und 30 Min.

Zutaten

600 g Schweinefleisch
300 g Zwiebeln
1 Knoblauchzehe
60 g Butter
Salz
frisch gemahlener Pfeffer
Kümmel
1 Lorbeerblatt
edelsüßes Paprikapulver
50 g Tomatenmark
500 g Sauerkraut
125 g saure Sahne
Petersilie für die Dekoration

Zubereitung

1. Fleisch grob würfeln. Zwiebeln schälen und in Ringe schneiden. Knoblauch schälen und fein hacken.

2. Butter in einem Topf schmelzen und Fleisch darin anbraten. Zwiebeln und Knoblauch zugeben und kurz mitbraten. Mit Salz, Pfeffer, Kümmel, Lorbeerblatt und Paprikapulver würzen, Tomatenmark zugeben und mit etwas Wasser ablöschen. Alles ca. 30 Minuten dünsten.

3. Sauerkraut zugeben und weitere ca. 30 Minuten dünsten. Nochmals mit Gewürzen abschmecken. Saure Sahne unterrühren. Szegediner Gulasch anrichten, mit Petersilie dekorieren und mit Salz- oder Petersilienkartoffeln servieren. Nach Belieben Gurken-Tomaten-Salat dazu reichen.

Pro Portion: ca. 283 kcal • 13 g EW • 27 g F • 10 g KH

Königsberger Klopse (Kochklopse)

Für 5 Portionen • Zubereitungszeit: ca. 1 Std.

Zutaten

500 g Hackfleisch
1 große Zwiebel
50 g in Milch eingeweichte Brötchen
2 Eier
Salz
frisch gemahlener Pfeffer
etwas Senf
1 Lorbeerblatt
3 Pimentkörner
2 Pfefferkörner
30 g Butter
30 g Mehl
etwas Zitronensaft
1 Prise Zucker
50 g Sahne
Petersilie für die Dekoration

Zubereitung

1. Hackfleisch in eine Schüssel geben. Zwiebel schälen, halbieren und ca. 50 Gramm klein würfeln. Zwiebelwürfel zum Hackfleisch geben. Brötchen gut ausdrücken und zum Hackfleisch geben. 1 Ei untermischen. Mit Salz, Pfeffer und Senf würzen und zu einem geschmeidigen Fleischteig kneten. Aus der Masse ca. 10 Klopse formen.

2. 1 Liter Wasser in einem Topf zum Kochen bringen. Restliche Zwiebel, Lorbeerblatt, Piment- und Pfefferkörner zufügen. Klopse in das kochende Wasser geben und ca. 20 Minuten gar ziehen lassen. Klopse herausnehmen und Brühe über einem Sieb abgießen (Brühe auffangen!).

3. Aus Butter und Mehl eine Mehlschwitze bereiten, mit etwas Brühe aufgießen und glatt rühren. Köcheln lassen, bis eine dickflüssige Soße entsteht. Mit Salz, Pfeffer, Zitronensaft und Zucker abschmecken. Restliches Ei trennen. Eigelb mit Sahne verschlagen und Soße damit binden. Klopse in der Soße erwärmen. Mit Petersilie und frisch gemahlenem Pfeffer dekorieren und servieren.

Pro Portion: ca. 393 kcal • 24 g EW • 27 g F • 12 g KH

Klassiker mit Tradition In der DDR waren Königsberger Klopse als Kochklopse bekannt und wurden oft mit Salzkartoffeln und Gurkensalat serviert. Nach Belieben (und falls vorhanden) wurden noch Kapern in der Soße erwärmt.

Gefüllte Paprikaschoten

Für 5 Portionen • Zubereitungszeit: ca. 1 Std.

Zutaten

6 Spitzpaprika
1 kleine Zwiebel
500 g Hackfleisch
1 Ei
50 g in Milch eingeweichte Brötchen
Salz
frisch gemahlener Pfeffer
Paprikapulver
Kümmel
Fett zum Braten
Schnittlauch für die Dekoration

Zubereitung

1. Deckel von den Paprikaschoten abschneiden, weiße Trennwände und Kerne entfernen. Paprikaschoten waschen und trocken tupfen. Zwiebel schälen und fein hacken. Hackfleisch in eine Schüssel geben und mit Zwiebel, Ei und ausgedrückten Brötchen gut vermischen. Mit Salz, Pfeffer, Paprikapulver und Kümmel würzen.

2. Fett in einer Pfanne erhitzen. Paprikaschoten mit Hackfleischmasse füllen, in die Pfanne geben und scharf anbraten. Etwas Wasser zugeben und alles zugedeckt ca. 30 Minuten köcheln lassen.

3. Paprikaschoten herausnehmen und warm stellen. Aus dem Bratfond eine Soße zubereiten. Gefüllte Paprikaschoten mit Soße anrichten und mit Schnittlauch dekorieren. Dazu schmecken Kartoffeln oder Reis.

Pro Portion: ca. 347 kcal • 23 g EW • 23 g F • 9 g KH

Internationale Küche Die Küche der DDR war nicht nur von deutscher Hausmannskost geprägt, sondern ließ sich auch von den Gerichten der sozialistischen Bruderländer inspirieren. Diese gefüllten Paprikaschoten sind ein gutes Beispiel für den kulinarischen Einfluss aus Ungarn, genauso wie die beliebte Paprikasoße Letscho (siehe S. 44).

Tote Oma

Für 4 Portionen • Zubereitungszeit: ca. 45 Min.

Zutaten

600 g Grützwurst
100 g Speck
2 Zwiebeln
200 ml Brühe
frisch gemahlener Pfeffer
Majoran
1 EL Paniermehl

Zubereitung

1. Grützwurst enthäuten und klein schneiden. Speck fein würfeln. Zwiebeln schälen und fein hacken. Speck und Zwiebeln in einen Topf geben und kurz anrösten. Mit Brühe ablöschen. Wurst zufügen und so lange bei geringer Hitze köcheln lassen, bis eine breiige Masse entsteht.

2. Mit Pfeffer und Majoran kräftig abschmecken. Masse nach Belieben mit Paniermehl binden. Dazu schmecken Salzkartoffeln und Sauerkraut.

Pro Portion: ca. 575 kcal • 23 g EW • 46 g F • 16 g KH

Regionale Unterschiede In manchen Regionen wird „Tote Oma“ auch mit Kartoffelbrei serviert. Seinen Namen verdankt dieses Gericht seinem zugegebenermaßen nicht ganz so appetitlichen Anblick. Eine weitere Bezeichnung war ebenso von schwarzem Humor geprägt: „Verkehrsunfall“.

Würzfleisch

Für 4 Portionen • Zubereitungszeit: ca. 1 Std. und 30 Min.

Zutaten

500 g Hühnerfleisch bzw. Schweinefleisch
2 EL Öl
2 Zwiebeln
1 l Fleischbrühe
1 Lorbeerblatt
3 Pimentkörner
Salz
frisch gemahlener Pfeffer
2 EL Butter
4 EL Mehl
100 ml Essig oder Weißwein
Saft von ½ Zitrone
200 g geriebener Käse
Worcestersoße
4 Scheiben Toastbrot

Zubereitung

1. Fleisch waschen und trocken tupfen. Öl in einem Topf erhitzen und Fleisch darin anbraten. Zwiebeln schälen, fein hacken, zufügen und andünsten. Mit Brühe aufgießen und Lorbeerblatt und Pimentkörner zugeben. Mit Salz und Pfeffer würzen. Fleisch in der Brühe kochen, bis es gar ist. Herausnehmen, abkühlen lassen und in kleine Würfel schneiden. Brühe über einem Sieb abgießen, Brühe auffangen.

2. Backofen auf 150 °C (Umluft: 130 °C) vorheizen. Butter in einem Topf erhitzen und Mehl einrühren. Unter Rühren langsam Brühe zugeben und alles köcheln lassen, bis eine helle Soße entsteht. Essig oder Weißwein sowie Zitronensaft zugeben, kurz aufkochen lassen und Soße mit Salz und Pfeffer abschmecken. Fleischwürfel zugeben.

3. Würzfleisch in 4 kleine, feuerfeste Förmchen füllen und mit Käse bestreuen. Im vorgeheizten Backofen ca. 10 Minuten überbacken. Würzfleisch mit Worcestersoße und Toastbrot servieren.

Pro Portion: ca. 621 kcal • 34 g EW • 47 g F • 26 g KH

Jägerschnitzel

Für 4 Portionen • Zubereitungszeit: ca. 35 Min.

Zutaten

1 Ei
Salz
frisch gemahlener Pfeffer
Mehl
Paniermehl
4 fingerdicke Scheiben Jagdwurst
Butterschmalz
1 Zwiebel
125 g Butter
2 EL Tomatenmark
200 g Ketchup
1 Prise Zucker
500 g Spirelli-Nudeln oder Spaghetti

Zubereitung

1. Ei in einen tiefen Teller geben und mit Salz und Pfeffer verschlagen. Mehl und Paniermehl auf getrennte Teller geben. Jagdwurstscheiben in Mehl wenden (überschüssiges Mehl abklopfen!), durch die Eimischung ziehen und in Paniermehl wälzen. Butterschmalz in einer Pfanne schmelzen und Wurstscheiben darin von beiden Seiten goldbraun braten.

2. Zwiebel schälen und fein hacken. Butter in einem Topf erhitzen und Zwiebel darin dünsten. Tomatenmark und 2 Esslöffel Mehl zugeben und unter ständigem Rühren kurz anrösten. Mit etwas Wasser auffüllen, sodass eine sämige Soße entsteht. Ketchup zugeben und unter Rühren kurz aufkochen. Hitze reduzieren und ca. 15 Minuten köcheln lassen. Tomatensoße mit Salz, Pfeffer und Zucker abschmecken.

3. Nudeln nach Packungsanweisung kochen. Jägerschnitzel mit Tomatensoße und Nudeln servieren.

Pro Portion: ca. 1003 kcal • 30 g EW • 43 g F • 122 g KH

Letscho

Für 4 Portionen • Zubereitungszeit: ca. 30 Min.

Zutaten

4 Tomaten
3 Paprikaschoten (rot oder grün)
1 große Zwiebel
1 Knoblauchzehe
2 EL Öl
2 EL Paprikapulver
1 l Gemüsebrühe
2 Lorbeerblätter
1 Tube Tomatenmark
Salz
frisch gemahlener Pfeffer
1 Prise Zucker

Zubereitung

1. Tomaten mit heißem Wasser überbrühen, enthäuten und würfeln. Paprika putzen, waschen und in Streifen schneiden. Zwiebel und Knoblauch schälen, Zwiebel grob und Knoblauch fein hacken.

2. Öl in einem Topf erhitzen und Zwiebel und Knoblauch darin anrösten. Paprikapulver zugeben und kurz anschwitzen. Paprikastreifen und Tomatenwürfel zugeben, kurz andünsten und mit Brühe aufgießen. Lorbeerblätter zugeben und alles ca. 15 Minuten köcheln lassen. Tomatenmark einrühren, kurz köcheln lassen und mit Salz, Pfeffer und Zucker abschmecken.

Pro Portion: ca. 176 kcal • 4 g EW • 8 g F • 21 g KH

Vielfältig einsetzbar Letscho wird als Zutat für Soljanka verwendet und wurde in der DDR oft zu Schaschlik und Reis serviert. Zusätzlich wurde es auch oft als Ersatz für Ketchup verwendet, wenn dieses nicht zu haben war.

Eier in Senfsoße

Für 4 Portionen • Zubereitungszeit: ca. 30 Min.

Zutaten

8 Eier
2 Zwiebeln
5 EL Butter
3 EL Mehl
250 ml Gemüsebrühe
200 g Sahne
2–3 EL mittelscharfer Senf
Salz
frisch gemahlener Pfeffer
3 EL Essig
1 EL Zucker
Petersilie für die Dekoration

Zubereitung

1. Eier hart kochen und abschrecken. Zwiebeln schälen und fein hacken. Butter in einem Topf erhitzen und Zwiebeln darin andünsten. Mehl einrühren und anschwitzen. Mit Brühe aufgießen, Sahne zugeben und alles aufkochen. Unter Rühren andicken lassen. Senf einrühren und Soße mit Salz, Pfeffer, Essig und Zucker abschmecken.

2. Eier schälen, eventuell halbieren und kurz in der Senfsoße erwärmen. Mit Petersilie dekorieren und servieren.

Pro Portion: ca. 560 kcal • 17 g EW • 47 g F • 12 g KH

Tipp Eier in Senfsoße mit Salzkartoffeln servieren. Dazu passt ein frischer Salat.

Piroggen mit Spitzkohl

Für 4 Portionen • Zubereitungszeit: ca. 1 Std. und 30 Min. + ca. 1 Std. Kühlzeit

Zutaten

200 g Mehl und etwas Mehl für die Arbeitsfläche
140 g Butter
3 Eier
½ TL Salz
500 g Spitzkohl
1 Zwiebel
1 Knoblauchzehe
2 EL Tomatenmark
Salz
frisch gemahlener Pfeffer
1 TL gemahlener Kümmel

Zubereitung

1. Mehl in eine Schüssel sieben und mit 90 Gramm Butter, 2 Eiern und Salz zu einem geschmeidigen Teig verkneten. Teig zu einer Kugel formen und in Klarsichtfolie wickeln. Im Kühlschrank ca. 1 Stunde kühl stellen.

2. Spitzkohl putzen, Strunk entfernen, waschen und in feine Streifen schneiden. Zwiebel und Knoblauch schälen und fein hacken. Restliche Butter in einem Topf erhitzen und Zwiebel und Knoblauch darin andünsten. Spitzkohl und Tomatenmark zugeben und mit Salz, Pfeffer und Kümmel würzen. Alles ca. 5 Minuten kräftig anschmoren. Hitze reduzieren und weitere ca. 15 Minuten schmoren. Nochmals mit Gewürzen abschmecken. Backofen auf 200 °C (Umluft: 180 °C) vorheizen. Backblech mit Backpapier auslegen.

3. Teig aus dem Kühlschrank nehmen und auf einer bemehlten Arbeitsfläche dünn ausrollen. Mit einem Glas Kreise im Durchmesser von ca. 12 Zentimeter ausstechen. Kohlmasse gleichmäßig in der Mitte der Teigkreise verteilen. Restliches Ei trennen. Ränder mit Eiweiß bestreichen. Teig zu Piroggen formen und fest zusammendrücken.

4. Piroggen auf das Backpapier legen. Mit verschlagenem Eigelb bestreichen und im vorgeheizten Backofen ca. 20 Minuten goldbraun backen. Heiß servieren.

Pro Portion: ca. 528 kcal • 14 g EW • 34 g F • 43 g KH

Tipp Statt Spitzkohl kann auch Weißkohl verwendet werden.

Erzgebirgische Buttermilchgetzen

Für 4 Portionen • Zubereitungszeit: ca. 50 Min.

Zutaten

1,5 kg Kartoffeln
1 Zwiebel
500 ml Buttermilch
Salz
Kümmel
Leinöl

Zubereitung

1. Backofen auf 175 °C (Umluft: 155 °C) vorheizen. Kartoffeln schälen, waschen, fein reiben und gut ausdrücken. In eine Schüssel geben. Zwiebel schälen und sehr fein hacken. Zwiebel zur Kartoffelmasse geben, Buttermilch zufügen und mit Salz und Kümmel kräftig würzen.

2. Getzenpfanne oder Auflaufform mit Leinöl ausstreichen und Kartoffelmischung darin verteilen. Mit etwas Leinöl beträufeln. Im vorgeheizten Backofen ca. 30 Minuten goldbraun knusprig backen.

Pro Portion: ca. 358 kcal • 11 g EW • 3 g F • 65 g KH

Tipp Nach Belieben kann noch ausgelassener Speck verwendet werden. Speckwürfel in einer Pfanne anrösten, in die Auflaufform geben und Kartoffelmasse darübergießen. Wird Speck verwendet, sollte die Kartoffelrohmasse sparsam gesalzen werden.

Falsche Bratheringe

Für 4 Portionen • Zubereitungszeit: ca. 40 Min. + ca. 2 Tage Ruhezeit

Zutaten

500 g rohe Kartoffeln
500 g gekochte Kartoffeln
3 Zwiebeln
2 EL Roggenmehl
4 EL gehackte Kräuter (z. B. Petersilie, Kerbel, Dill)
Salz
frisch gemahlener Pfeffer
Paniermehl
Öl
1 Tasse Essig
1 TL Pfefferkörner
1 TL Senfkörner
1 Lorbeerblatt
1 EL Zucker

Zubereitung

1. Rohe Kartoffeln fein reiben, gekochte Kartoffeln durch eine Kartoffelpresse drücken und alles in einer Schüssel vermischen. 1 Zwiebel schälen, fein hacken und zufügen. Mehl zugeben und alles zu einer teigartigen Masse vermischen. Gehackte Kräuter untermischen. Mit Salz und Pfeffer würzen.

2. Aus der Kartoffelmasse „Heringe" formen und in Paniermehl wenden. Öl in einer Pfanne erhitzen und „Heringe" von beiden Seiten goldgelb braten.

3. Für die Marinade restliche Zwiebeln schälen und in Ringe schneiden. 1 Tasse Wasser mit Essig, Pfeffer- und Senfkörnern, Lorbeerblatt und Zwiebelringen in einen Topf geben. Zucker und Salz zufügen und aufkochen lassen. Heiße Heringe in eine flache Form legen und mit Marinade begießen. Mindestens ca. 48 Stunden ziehen lassen.

Pro Portion: ca. 407 kcal • 8 g EW • 12 g F • 61 g KH

Buchweizenkascha mit Champignons

Für 4 Portionen • Zubereitungszeit: ca. 50 Min.

Zutaten

200 g Buchweizen
1 Ei
1 Würfel Gemüsebrühe
80 g Butter
300 g Champignons
3 kleine Zwiebeln
½ Bund Dill
Salz
frisch gemahlener Pfeffer

Zubereitung

1. Buchweizen in eine Schüssel geben und mit Ei vermischen. Masse in eine beschichtete Pfanne geben und bei geringer bis mittlerer Hitze unter ständigem Rühren so lange erwärmen, bis alles leicht gebräunt ist. 500 Milliliter Wasser, Brühwürfel und 50 Gramm Butter zugeben und alles aufkochen. Zugedeckt bei geringer Hitze ca. 20 Minuten garen, bis die Flüssigkeit verdampft ist. Ab und zu umrühren.

2. Champignons putzen, säubern und klein schneiden. Zwiebeln schälen und fein hacken. Dill waschen, trocken schütteln und Fähnchen fein hacken. Restliche Butter in einer Pfanne schmelzen und Pilze und Zwiebeln andünsten. Zur Kascha geben, Dill zufügen und vorsichtig vermischen. Mit Salz und Pfeffer abschmecken.

Pro Portion: ca. 359 kcal • 9 g EW • 19 g F • 38 g KH

Arme Ritter

Für 2 Portionen • Zubereitungszeit: ca. 20 Min.

Zutaten

250 ml Milch
2 EL Zucker
etwas Zimt
etwas abgeriebene Schale von 1 unbehandelten Zitrone
4 Eier
2 Brötchen oder 4 Scheiben Weißbrot
75 g Butter

Zubereitung

1. Milch in einen Topf geben und mit Zucker, Zimt und Zitronenabrieb zum Kochen bringen. Abkühlen lassen. 4 Eier in eine Schüssel geben und verschlagen. Brötchen in Scheiben schneiden, in der Milchmischung einweichen und in der Eiermischung wenden.

2. Butter in einer Pfanne erhitzen und Brötchenscheiben von beiden Seiten goldbraun braten. Auf Küchenpapier abtropfen lassen und heiß servieren.

Pro Portion: ca. 715 kcal • 23 g EW • 46 g F • 51 g KH

Tipp **Nach Belieben nochmals mit Zucker und Zimt bestreuen. Als Beilage empfiehlt sich Obstkompott. Auch mit Zwieback zubereitet schmecken Arme Ritter sehr gut.**

Sächsische Quarkkeulchen mit Apfelmus

Für 4 Portionen • Zubereitungszeit: ca. 40 Min.

Zutaten

500 g gekochte Kartoffeln vom Vortag
500 g Magerquark
150 g Mehl
1 Ei
70 g Zucker
1 Prise Salz
Butterschmalz zum Braten
600 g Äpfel
100 ml Apfelsaft
1 Vanillezucker
Saft von ½ unbehandelten Zitrone
Puderzucker oder Zucker-Zimt-Mischung zum Bestäuben

Zubereitung

1. Kartoffeln durch die Kartoffelpresse drücken und in eine Schüssel geben. Mit Quark, Mehl, Ei, 40 Gramm Zucker und 1 Prise Salz zu einem Teig verrühren. (Der Teig darf nicht mehr kleben!)

2. Aus dem Teig Keulchen formen. Butterschmalz in einer Pfanne erhitzen und Quarkkeulchen von beiden Seiten goldbraun braten.

3. Für das Apfelmus Äpfel schälen, halbieren, Kerngehäuse entfernen und Fruchtfleisch klein würfeln. In einen Topf geben und mit Apfelsaft, restlichem Zucker, Vanillezucker und Zitronensaft bei geringer Hitze weich dünsten. Mit dem Stabmixer pürieren und abkühlen lassen.

4. Quarkkeulchen nach Belieben mit Puderzucker oder Zucker-Zimt-Mischung bestreuen und mit Apfelmus servieren.

Pro Portion: ca. 577 kcal • 21 g EW • 9 g F • 100 g KH

Tipp Quarkkeulchen können auch mit Rosinen verfeinert werden. Dazu Rosinen in Rum einlegen und mit dem Kartoffel-Quark-Teig vermischen.

Schwedeneisbecher

Für 4 Portionen • Zubereitungszeit: ca. 1 Std.
+ ca. 30 Min. Ruhezeit

Zutaten

500 g Sahne
4 Pck. Vanillezucker oder 2 Vanilleschoten
10 Eigelb
100 g Zucker
200 ml Kondensmilch
250 g Puderzucker
60 ml Rum
250 ml Korn (mind. 50 %)
Apfelmus (siehe Seite 58)

Zubereitung

1. Für das Vanilleeis 400 Gramm Sahne mit Vanillezucker aufkochen. 4 Eigelbe in eine Schüssel geben und mit Zucker schaumig aufschlagen. Über einem heißen Wasserbad weiterschlagen, Vanillesahne unter ständigem Rühren zugeben und zur Rose abziehen. Masse kalt rühren und in der Eismaschine gefrieren lassen. Falls keine Eismaschine zur Verfügung steht, die Eismasse im Tiefkühlfach mehrere Stunden durchfrieren lassen. Alle paar Stunden umrühren.

2. Für den Eierlikör restlichen Vanillezucker in einen Topf geben, Kondensmilch, restliche Sahne und 125 Gramm Puderzucker zufügen und aufkochen. Ca. 30 Minuten ziehen lassen. Nochmals kurz aufkochen und durch ein feines Sieb passieren. Restliche Eigelbe mit restlichem Puderzucker über einem heißen Wasserbad schaumig aufschlagen. Vanillecreme unter Rühren zufügen und zur Rose abziehen. Durch ein feines Sieb passieren, abkühlen lassen. Rum und Korn zugeben, umrühren und Eierlikör in saubere Flaschen abfüllen. (Der Eierlikör ist kalt aufbewahrt ca. 4 Wochen haltbar.)

3. Apfelmus in 4 Eisbechern verteilen. Darauf 2–3 Kugeln Vanilleeis geben und mit einem Schuss Eierlikör abrunden. Frisch geschlagene Sahne dazu servieren.

Pro Portion: ca. 828 kcal • 8 g EW • 40 g F • 117 g KH

Einfache Variante In der DDR wurde der Schwedenbecher oft aus fertigen Zutaten hergestellt. 1 Packung Eis, 1 Glas Apfelmus und 1 Flasche Eierlikör ergaben diesen leckeren Nachtisch.

Zitronencreme

Für 5 Portionen • Zubereitungszeit: ca. 30 Min.

Zutaten

3 Blatt weiße Gelatine
4 Eigelb
60 g Zucker
80 ml Zitronensaft
200 g Sahne
Früchte nach Belieben
Minze nach Belieben

Zubereitung

1. Gelatine in kaltem Wasser einweichen. Eigelbe in eine Schüssel geben und mit Zucker und Zitronensaft über einem heißen Wasserbad cremig aufschlagen.

2. Gelatine ausdrücken und in die Ei-Zucker-Mischung rühren. Masse abkühlen lassen. Sahne steif schlagen und unter die abgekühlte Masse rühren. Zitronencreme in 5 Dessertgläser füllen und nach Belieben mit Früchten und Minze dekorieren.

Pro Portion: ca. 230 kcal • 5 g EW • 17 g F • 14 g KH

Alternative Zubereitung Ist keine Gelatine vorhanden, kann Zitronencreme auch mit Puddingpulver zubereitet werden. Ca. 500 Milliliter Wasser zum Kochen bringen, 1 Päckchen Puddingpulver Vanillegeschmack, 1 Tasse Zucker und Saft und Schale von 1 unbehandelten Zitrone einrühren und aufkochen. Etwas abkühlen lassen und 1 Eigelb unterrühren.

Rote Grütze

Für 4 Portionen • Zubereitungszeit: ca. 30 Min.

Zutaten

750 g gemischte Beeren (z. B. Erdbeeren, Himbeeren, Johannisbeeren, Stachelbeeren, Kirschen)
100 g Zucker
1 Prise Zimt
abgeriebene Schale von 1 unbehandelten Zitrone
100 g Stärkemehl

Zubereitung

1. Beeren waschen, putzen und trocken tupfen. Kirschen entsteinen. Obst in einen Topf geben, 750 Milliliter Wasser zufügen und aufkochen. Zucker zugeben und mit Zimt und Zitronenabrieb abschmecken.

2. Stärkemehl mit etwas Wasser anrühren und Obst damit andicken. Unter Rühren kurz aufkochen lassen. Auf 4 Dessertschüsseln verteilen.

Pro Portion: ca. 280 kcal • 2 g EW • 1 g F • 64 g KH

Grütze im Päckchen Rote Grütze schmeckt lecker mit Vanillesoße. In der DDR gab es Rote-Grütze-Pulver auf Grießbasis in Päckchen zu kaufen, das mit Zucker in heißes Wasser eingerührt wurde. Das ergab einen rosa „Wackelpudding", der mit Vanillesoße serviert wurde.

BACKEN

Dresdner Eierschecke

Für 1 Backblech • Zubereitungszeit: ca. 25 Min. + ca. 1 Std. und 20 Min. Ruhezeit + ca. 50 Min. Backzeit

Zutaten

¾ Würfel Hefe
450 g Zucker und etwas Zucker zum Bestreuen
250 ml Milch
500 g Mehl und etwas Mehl für die Arbeitsfläche
330 g Butter
Salz
2 Pck. Vanillezucker
1 kg Quark
1 Pck. Puddingpulver Vanillegeschmack
3 Eier
etwas abgeriebene Schale von 1 unbehandelten Zitrone
20 g Speisestärke
3 EL Rum

Zubereitung

1. Hefe in einer Schüssel etwas zerbröckeln und mit 150 Gramm Zucker und Milch verrühren. Etwas Mehl darübersieben und abgedeckt ca. 20 Minuten an einen warmen Ort stellen. Restliches Mehl darübersieben, 200 Gramm Butter, 1 Prise Salz und 1 Päckchen Vanillezucker zugeben und alles zu einem Teig verkneten. Abgedeckt ca. 1 Stunde an einen warmen Ort stellen.

2. Backofen auf 180 °C (Umluft: 160 °C) vorheizen. Backblech mit Backpapier auslegen. Teig kurz verkneten, auf einer bemehlten Arbeitsfläche ausrollen und auf das Backpapier legen.

3. 80 Gramm Butter in eine Schüssel geben und schaumig rühren. Nach und nach 200 Gramm Zucker, Quark, Puddingpulver, 3 Eier, abgeriebene Zitronenschale und 1 Prise Salz zugeben und gut verrühren. Masse gleichmäßig auf den Teig streichen.

4. Wasserbad vorbereiten. Restlichen Zucker in eine Schüssel geben und mit restlicher Butter, restlichem Vanillezucker, restlichen Eiern, Speisestärke und Rum über einem Wasserbad dickschaumig schlagen. Vorsichtig auf der Quarkschicht verstreichen.

5. Eierschecke im vorgeheizten Backofen ca. 50 Minuten goldbraun backen. Im ausgeschalteten Ofen ca. 20 Minuten ruhen lassen. Abkühlen lassen und nach Belieben mit Zucker bestreuen.

Pro Kuchen: ca. 8150 kcal • 193 g EW • 418 g F • 924 g KH

Russischer Zupfkuchen

Für 1 Springform • Zubereitungszeit: ca. 30 Min. + ca. 30 Min. Kühlzeit + ca. 1 Std. Backzeit

Zutaten

400 g Mehl
1 Pck. Backpulver
450 g weiche Butter und etwas Butter für die Form
350 g Zucker
50 g Kakaopulver
4 Eier
500 g Magerquark
1 Pck. Puddingpulver Vanillegeschmack
1 Pck. Vanillezucker

Zubereitung

1. Mehl in eine Schüssel sieben und mit Backpulver vermischen. 200 Gramm Butter, 150 Gramm Zucker, Kakao und 1 Ei zufügen und alles zu einem Teig verkneten. Teig ca. 30 Minuten kalt stellen.

2. Backofen auf 180 °C (Umluft: 160 °C) vorheizen. Backform mit Butter ausstreichen. Quark in eine Schüssel geben und mit restlicher Butter, restlichem Zucker, restlichen Eiern sowie Puddingpulver und Vanillezucker gut verrühren.

3. Ca. 2/3 des Teigs aus dem Kühlschrank nehmen und als Boden in der Springform auslegen. Rand hochziehen und gut andrücken. Quarkmasse gleichmäßig auf dem Boden verstreichen. Restlichen Teig aus dem Kühlschrank nehmen, in kleine Stücke zupfen und auf der Füllung verteilen. Zupfkuchen im vorgeheizten Backofen ca. 1 Stunde backen. Zum Ende der Backzeit eventuell mit Alufolie abdecken.

Pro Kuchen: ca. 7040 kcal • 134 g EW • 409 g F • 699 g KH

LPG-Kuchen

Für 1 Backblech • Zubereitungszeit: ca. 45 Min. + ca. 20 Min. Backzeit

Zutaten

500 ml Milch
265 g Zucker
2 Pck. Puddingpulver Sahnegeschmack
225 g Mehl
½ Pck. Backpulver
5 Eier
150 g Sahne
250 g zimmerwarme Butter
1 Pck. Butterkekse
Weinbrand
125 g Kokosfett
4 EL Kakaopulver

Zubereitung

1. Backofen auf 175 °C (Umluft: 155 °C) vorheizen. Backblech mit Backpapier auslegen. Aus Milch, 50 Gramm Zucker und Puddingpulver einen Pudding kochen und abkühlen lassen. Für den Teig 125 Gramm Zucker in eine Schüssel geben und mit Mehl, Backpulver, 4 Eiern und Sahne zu einem Teig verarbeiten. Teig auf das Backpapier streichen und im vorgeheizten Backofen ca. 20 Minuten backen.

2. Pudding mit Butter zu Buttercreme verrühren. (Pudding und Butter sollten die gleiche Temperatur haben.) Buttercreme auf dem gebackenen Boden verteilen. Kekse in Weinbrand tränken und auf der Buttercreme verteilen.

3. Kokosfett in einem kleinen Topf schmelzen. In eine Schüssel geben und mit restlichem Zucker und Kakaopulver verrühren. Restliches Ei zugeben und Schokoguss glatt rühren. Kekse mit Schokoguss überziehen.

Pro Kuchen: ca. 7462 kcal • 103 g EW • 482 g F • 666 g KH

Schon gewusst? Der Kuchen entstand in der Gründungszeit der LPG (Landwirtschaftliche Produktionsgenossenschaft). Die dicht nebeneinandergelegten kleinen Kekse, mit Schokoguss komplett überzogen, symbolisieren den Zusammenschluss der kleinen Flächen zu einer großen einheitlichen LPG-Fläche.

Huckelkuchen

Für 1 Backblech • Zubereitungszeit: ca. 15 Min. + ca. 10 Min. Backzeit

Zutaten

100 g Butter und etwas Butter für das Backblech
6 Eigelb
6 EL neutrales Öl
6 EL Rum oder Weinbrand
6 gehäufte EL Mehl
1–2 Pck. Vanillezucker
Puderzucker zum Bestäuben

Zubereitung

1. Backblech mit Butter einstreichen. Backblech kalt stellen. Backofen auf 260 °C (Umluft: 240 °C) vorheizen. Eigelbe in eine Schüssel geben und so lange schlagen, bis sich die Masse verdoppelt hat. Öl unterrühren und Rum zugeben. Alles kurz, aber kräftig schlagen.

2. Teig sehr dünn auf das Backblech streichen und im vorgeheizten Backofen auf der mittleren Schiene ca. 5–8 Minuten goldgelb backen. Während des Backens bilden sich Blasen und Wellen. Abkühlen lassen.

3. Butter in einem Topf schmelzen und abgekühlten Huckelkuchen dick mit flüssiger Butter bestreichen. Mit Vanillezucker bestreuen. Wenn die Butter fest ist, Puderzucker darüberstäuben.

Pro Kuchen: ca. 2586 kcal • 29 g EW • 203 g F • 112 g KH

Die Reste sind das Beste Der Kuchen ist auch als Thüringer Platz oder Prophetenkuchen bekannt. Die „huckelige" Oberfläche steht für die bergige Landschaft in Thüringen. Das restliche Eiweiß kann zu Kokosplätzchen verarbeitet werden. Für ca. 60 St. brauchen Sie: 100 g Butter, 100 g Zucker, 1 Pck. Vanillezucker, 1 Prise Salz, 2 Eiweiß, 75 g Mehl, ¼ TL Backpulver und 100 g Kokosraspel. Backofen auf 200 °C (Umluft: 180 °C) vorheizen. Backblech mit Backpapier auslegen. Butter in eine Schüssel geben und mit Zucker, Vanillezucker, Salz und Eiweißen cremig schlagen. Mehl und Backpulver mischen und unterrühren. Kokosraspel unterheben. Kleine Häufchen auf das Backpapier setzen und im vorgeheizten Backofen ca. 10 Minuten goldbraun backen.

Kartoffelkuchen

Für 1 Backform • Zubereitungszeit: ca. 15 Min. + ca. 50 Min. Backzeit

Zutaten

125 g Margarine und etwas Margarine für die Form
175 g Zucker
1 Ei
3 Prisen Salz
3 Spritzer Zitronensaft
250 g Mehl
1 Pck. Backpulver
250 ml Milch
1 Pck. Puddingpulver Vanillegeschmack
200 g gekochte, geriebene Kartoffeln

Zubereitung

1. Backofen auf 200 °C (Umluft: 180 °C) vorheizen. Backform mit Margarine ausstreichen. Margarine in eine Schüssel geben und mit Zucker, Ei, Salz und Zitronensaft schaumig rühren. Mehl, Backpulver, Milch, Puddingpulver und geriebene Kartoffeln zugeben und alles gut verrühren.

2. Teig in die Form füllen und im vorgeheizten Backofen ca. 35–50 Minuten backen (Stäbchenprobe machen!).

Pro Kuchen: ca. 2969 kcal • 43 g EW • 116 g F • 430 g KH

Schnelle Variante Ein schneller Kartoffelkuchen vom Blech gelingt mit diesen Zutaten: 500 g warme, durchgepresste Kartoffeln unter 500 g Hefeteig kneten, ausrollen und im vorgeheizten Backofen bei 200–225 °C (Umluft: 180–200 °C) ca. 20–25 Minuten backen. Mit 50 g geschmolzener Butter bepinseln und mit Zucker und Zimt bestreuen. Warm servieren.

Meißner Quarktorte

Für 1 Springform • Zubereitungszeit: ca. 20 Min. + ca. 1 Std. Backzeit

Zutaten

250 g Butter und etwas Butter für die Form
6 Eier
300 g Zucker
1 unbehandelte Zitrone
1 kg Magerquark
100 g Grieß
1 EL Mehl
1 Pck. Backpulver
1 Prise Salz
Puderzucker zum Bestäuben nach Belieben

Zubereitung

1. Backofen auf 200 °C (Umluft: 180 °C) vorheizen. Backform mit Butter ausstreichen. 200 Gramm Butter in eine Schüssel geben und schaumig schlagen. Eier trennen. Eigelbe, Zucker, 1 Teelöffel abgeriebene Zitronenschale und 3 Esslöffel Zitronensaft zur Buttermasse geben und alles gut verrühren.

2. Quark in eine weitere Schüssel geben. Grieß, Mehl und Backpulver zufügen und alles gut verrühren. Quark-Mischung zur Butter-Ei-Mischung geben und verrühren. Eiweiße mit 1 Prise Salz steif schlagen und unter den Teig heben.

3. Teig in die Springform geben, glatt streichen und im vorgeheizten Backofen ca. 50–60 Minuten backen. Restliche Butter in einem Topf schmelzen und heiße Meißner Quarktorte damit bestreichen. Nach Belieben mit Puderzucker bestäuben.

Pro Torte: ca. 4557 kcal • 162 g EW • 241 g F • 438 g KH

Napfkuchen (Sächsische Bäbe)

Für 1 Napfkuchenform • Zubereitungszeit: ca. 25 Min. + ca. 1 Std. und 30 Min. Ruhezeit + ca. 1 Std. Backzeit

Zutaten

250 g Rosinen
6 EL Rum
500 g Mehl
1 Würfel Hefe
125 g Zucker
250 ml lauwarme Milch
4 Eier
230 g Butter und etwas Butter für die Form
4 EL Sahne
150 g gehackte Mandeln
Paniermehl für die Form
200 g Puderzucker
bunte Zuckerstreusel

Zubereitung

1. Rosinen in Rum einweichen. Mehl in eine Schüssel sieben und in die Mitte eine kleine Vertiefung drücken. Hefe zerbröckeln und mit 1 Teelöffel Zucker und Milch verrühren. Hefemilch in die Vertiefung gießen. Etwas Mehl darüberstreuen. Abgedeckt ca. 30 Minuten an einem warmen Ort ruhen lassen.

2. Zucker, Eier, 200 Gramm Butter, Sahne und gehackte Mandeln zum Teig geben und alles gut verkneten. Rosinen unterkneten. Teig abgedeckt ca. 1 Stunde an einem warmen Ort ruhen lassen. Backofen auf 200 °C (Umluft: 180 °C) vorheizen. Backform mit Butter ausstreichen und mit Paniermehl ausstreuen.

3. Teig in die Form füllen und im vorgeheizten Backofen ca. 1 Stunde backen (Stäbchenprobe machen!). Etwas abkühlen lassen. Für die Glasur restliche Butter in einem kleinen Topf schmelzen. Puderzucker mit 2 Esslöffeln heißem Wasser glatt rühren, Butter unterrühren und Sächsische Bäbe mit Zuckerguss bestreichen und mit Zuckerstreusel dekorieren.

Pro Kuchen: ca. 7255 kcal • 122 g EW • 326 g F • 885 g KH

Thüringer Hirschhornkuchen

Für 1 Backblech • Zubereitungszeit: ca. 25 Min. + ca. 15 Min. Backzeit + ca. 3 Std. Kühlzeit

Zutaten

200 g weiche Margarine und etwas Margarine für das Backblech
1 TL Hirschhornsalz
145 ml kalte Milch
290 g Zucker
4 Eier
350 g Mehl
1 Prise Salz
abgeriebene Schale von 1 unbehandelten Zitrone
125 g Kokosfett
1 Pck. Vanillezucker
3 EL Kakaopulver
3 EL Milch
1 TL Instant-Kaffeepulver

Zubereitung

1. Backofen auf 250 °C (Umluft: 230 °C) vorheizen. Backblech mit Margarine ausstreichen. Hirschhornsalz in 100 Milliliter kalter Milch auflösen. 200 Gramm Zucker in eine Schüssel geben und mit 3 Eiern verrühren. Margarine zugeben und verrühren. Mehl darübersieben. Milch mit Hirschhornsalz, 1 Prise Salz und abgeriebene Zitronenschale zugeben und alles zu einem Teig verrühren.

2. Teig auf das Backblech streichen und im vorgeheizten Backofen ca. 15 Minuten backen. Komplett abkühlen lassen, damit der Kuchen das Ammoniak vom Hirschhornsalz ausdünsten kann.

3. Für den Schokoguss Kokosfett in einem kleinen Topf schmelzen und abkühlen lassen. Restliches Ei in eine Schüssel geben und mit restlichem Zucker, Vanillezucker und Kakao cremig rühren. Abgekühltes Kokosfett unterrühren. Restliche Milch und Kaffeepulver zufügen und unterrühren. Thüringer Hirschhornkuchen mit Schokoguss verzieren.

Pro Kuchen: ca. 5561 kcal • 78 g EW • 326 g F • 569 g KH

Schon gewusst? Hirschhornsalz ist ein klassisches Triebmittel, das vor allem in den Backstuben der DDR verwendet wurde. Es eignet sich besonders gut für flache Kuchen und Kleingebäck und macht den Teig locker und leicht. Beim Backen mit Hirschhornsalz entweicht Ammoniak, weshalb man das fertige Gebäck „auslüften“ sollte.

Papageienkuchen

Für 1 Backblech • Zubereitungszeit: ca. 20 Min. + ca. 20 Min. Backzeit

Zutaten

300 g Margarine
300 g Zucker
4 Eier
1 TL abgeriebene Schale von 1 unbehandelten Zitrone
275 g Mehl
1 Pck. Backpulver
200 g saure Sahne
1 Pck. Vanillesoßenpulver
1 Pck. Rote Grütze
2 EL Kakaopulver
2 gestrichene TL grüne Götterspeise

Zubereitung

1. Backofen auf 180 °C (Umluft: 160 °C) vorheizen. Backblech mit Backpapier auslegen. Margarine in einem Topf schmelzen und etwas abkühlen lassen. Zucker in eine Schüssel geben, Eier und abgeriebene Zitronenschale zufügen und alles cremig schlagen. Mehl mit Backpulver mischen und unterrühren. Saure Sahne unterrühren. Margarine zugeben und alles zu einem Teig verarbeiten.

2. Teig in 4 Teile teilen und in 4 Schüsseln geben. Teige jeweils mit Vanillesoßenpulver, Roter Grütze, Kakao und grüner Götterspeise verrühren. Mithilfe von zwei Teelöffeln eingefärbte Teige abwechselnd in Abständen als kleine Häufchen auf dem Backpapier verteilen. Ein exakter Abstand ist nicht wichtig, da der Teig beim Backen zusammenläuft. Papageienkuchen im vorgeheizten Backofen ca. 15–20 Minuten backen.

Pro Kuchen: ca. 5153 kcal • 66 g EW • 289 g F • 566 g KH

Kuchen mit Schoko- oder Zitronenguss überziehen Für den Schokoguss: 6 EL Zucker und 6 EL Milch in einem Topf verrühren, kurz aufkochen und abkühlen lassen. 6 EL Kakaopulver und 2 Eier unterrühren. 200 g Kokosfett schmelzen und lauwarm abkühlen lassen. Zur Kakaomasse geben und mit einem Schneebesen zu einer glatten Masse rühren. Für den Zitronenguss 2 EL Zitronensaft, 200 g Puderzucker und 2 EL geschmolzenes Kokosfett verrühren, 1 EL heißes Wasser zugeben und ca. 1 Minute rühren. Papageienkuchen mit Guss überziehen und nach Belieben mit bunten Zuckerstreuseln bestreuen.

Mecklenburger Ameisenkuchen

Für 1 Backform • Zubereitungszeit: ca. 10 Min. + ca. 1 Std. Backzeit

Zutaten

300 g Mehl
1 Pck. Backpulver
250 g weiche Butter und etwas Butter für die Form
200 g Zucker
1 Pck. Puddingpulver Vanillegeschmack
4 Eier
200 g saure Sahne
1 Pck. Schokostreusel

Zubereitung

1. Backofen auf 175 °C (Umluft: 155 °C) vorheizen. Backform mit Butter ausstreichen. Mehl in eine Rührschüssel sieben und mit Backpulver vermischen. Butter, Zucker und Puddingpulver zufügen und unterrühren. Eier nach und nach zugeben. Saure Sahne zugeben und alles zu einem Teig verrühren. Schokostreusel unterheben.

2. Teig in die Backform füllen, glatt streichen und im vorgeheizten Backofen ca. 45–60 Minuten backen (Stäbchenprobe machen!).

Pro Kuchen: ca. 4800 kcal • 71 g EW • 266 g F • 527 g KH

Natronkuchen

Für 1 Backblech • Zubereitungszeit: ca. 15 Min.
+ ca. 30 Min. Backzeit

Zutaten

250 g weiche
Margarine
250 g Zucker
2 Pck. Vanillezucker
4 Eier
250 g Mehl
50 g Kakaopulver
1 TL Natron
250 g saure Sahne

Zubereitung

1. Backofen auf 180 °C (Umluft: 160 °C) vorheizen. Backblech mit Backpapier auslegen. Margarine in eine Schüssel geben und mit Zucker, Vanillezucker und Eiern verrühren. Mehl mit Kakao und Natron mischen und unterrühren. Saure Sahne zugeben und alles gut verrühren.

2. Teig auf dem Backpapier verteilen und im vorgeheizten Backofen ca. 30 Minuten backen.

Pro Kuchen: ca. 4495 kcal • 69 g EW • 258 g F • 465 g KH

Tipp **Natronkuchen nach dem Backen mit Puderzucker bestäuben oder mit Schoko- bzw. Zitronenguss überziehen.**

Kalter Hund

Für 1 Kastenform • Zubereitungszeit: ca. 20 Min.
+ ca. 12 Std. Kühlzeit

Zutaten

250 g Kokosfett
140 g Puderzucker
50 g Kakaopulver und etwas Kakaopulver zum Bestäuben
2 Eier
2 Pck. Vanillezucker
1 Flasche Rum-Aroma
250 g Butterkekse

Zubereitung

1. Kastenform mit Klarsichtfolie oder Backpapier komplett auslegen. Kokosfett in einem Topf erhitzen, Flüssigkeit etwas abkühlen lassen. Puderzucker, Kakao, Eier, Vanillezucker und Rum-Aroma in eine Schüssel geben und schaumig rühren. Löffelweise in das flüssige Kokosfett rühren.

2. Abwechselnd Schokomasse und Butterkekse in die Form schichten. Mit Schokomasse beginnen und enden. Kastenform mit Klarsichtfolie abdecken und über Nacht im Kühlschrank kalt stellen. Kuchen mit Kakaopulver bestäuben.

Pro Kuchen: ca. 4467 kcal • 40 g EW • 330 g F • 325 g KH

Ideal für ne Sause „Kalter Hund" war in der DDR der Renner bei Partys und Kindergeburtstagen. Der backfreie Kuchen erhielt seinen Namen zum einen wegen der Verwahrung im Kühlschrank und zum anderen erinnert die Kastenform an Förderwagen aus dem Bergbau, die auch als „Hund" bezeichnet wurden. Weitere Namen sind „Lukullus", „Kalte Schnauze" oder „Kellerkuchen".

Thüringer Mohrenkopfkuchen

Für 1 Backblech • Zubereitungszeit: ca. 10 Min. + ca. 25 Min. Backzeit

Zutaten

12 Eier
380 g Zucker
200 g Mehl
½ Pck. Backpulver
1 Prise Salz
120 g Schokolade
25 g Kokosfett

Zubereitung

1. Backofen auf 200 °C (Umluft: 180 °C) vorheizen. Backblech mit Backpapier auslegen. Eier trennen. Eigelbe in eine Schüssel geben und mit 200 Gramm Zucker cremig schlagen. Mehl mit Backpulver kurz unterrühren.

2. Teig auf das Backblech streichen und im vorgeheizten Backofen ca. 10–12 Minuten vorbacken. Eiweiße mit 1 Prise Salz mit dem elektrischen Handrührgerät auf niedrigster Stufe kurz anschlagen, restlichen Zucker langsam einrieseln lassen, dabei auf mittlerer Stufe immer weiterschlagen, bis die Masse fest ist. Temperatur des Backofens auf 150–175 °C (Umluft: 130–155 °C) reduzieren.

3. Schaummasse gleichmäßig auf den vorgebackenen Kuchen streichen und im vorgeheizten Backofen weitere ca. 12-15 Minuten hellbraun fertig backen. Abkühlen lassen.

4. Schokolade mit dem Kokosfett auflösen und dünn und gleichmäßig auf dem Kuchen verteilen. Schokoladenguss aushärten lassen und Mohrenkopfkuchen servieren.

Pro Kuchen: ca. 3986 kcal • 107 g EW • 126 g F • 601 g KH

Kokos-Bienenstich

Für 1 Backblech • Zubereitungszeit: ca. 40 Min. + ca. 25 Min. Backzeit

Zutaten

390 g weiche Butter
300 g Zucker
2 Pck. Vanillezucker
3 Eier
250 g Mehl
½ Pck. Backpulver
1 TL Natron
150 g saure Sahne
200 g Kokosraspel
4-5 EL Milch
200 g Sahne

Zubereitung

1. 140 Gramm Butter in eine Schüssel geben und mit 120 Gramm Zucker, 1 Päckchen Vanillezucker und Eiern schaumig rühren. Mehl mit Backpulver und Natron mischen und portionsweise unterrühren. Saure Sahne unterrühren. Backofen auf 200 °C (Umluft: 180 °C) vorheizen. Backblech mit Backpapier auslegen.

2. Restliche Butter in einem Topf schmelzen. Restlichen Zucker, restlichen Vanillezucker, Kokosraspel und Milch zugeben und verrühren. Etwas abkühlen lassen. Teig auf dem Backpapier verteilen. Butter-Kokosraspel-Mischung darauf verstreichen. Im vorgeheizten Backofen ca. 20-25 Minuten backen.

3. Kokos-Bienenstich aus dem Backofen nehmen und Sahne vorsichtig über den heißen Kuchen gießen. So wird er besonders saftig. Abkühlen lassen und in Stücke schneiden.

Pro Kuchen: ca. 7379 kcal • 74 g EW • 544 g F • 533 g KH

Not macht erfinderisch Dieses Rezept ist ein wunderbares Beispiel für den Einfallsreichtum der DDR-Bürger. Da es zu manchen Zeiten nicht einfach war, an Mandeln und Honig zu kommen, die für den klassischen Bienenstich nötig waren, ersetzte man diese einfach mit Kokosraspeln. Diese waren durch Importe aus den Philippinen weitaus leichter zu bekommen als Mandeln aus dem Westen.

Schneewittchenkuchen

Für 1 Backblech • Zubereitungszeit: ca. 1 Std. + ca. 30 Min. Backzeit + ca. 30 Min. Kühlzeit

Zutaten

750 g entsteinte Sauerkirschen aus dem Glas
330 g Butter
270 g Zucker
3 Eier
5 EL Milch
375 g Mehl
½ Pck. Backpulver
1 EL Kakaopulver
1 Pck. Puddingpulver Vanillegeschmack
175 g Kuvertüre
50 g Kokosfett
1 EL Öl
Puderzucker zum Bestäuben nach Belieben

Zubereitung

1. Sauerkirschen über einem Sieb abtropfen lassen. Sauerkirschsaft auffangen. 180 Gramm Butter in eine Schüssel geben und mit 180 Gramm Zucker schaumig schlagen. Eier und Milch zugeben und alles gut verrühren. Mehl und Backpulver mischen und zufügen. Alles zu einem Teig verrühren. Teig teilen. Zu ⅓ des Teigs 1–2 Esslöffel Milch und Kakao zugeben und verrühren. Backofen auf 180–200 °C (Umluft: 160–180 °C) vorheizen. Backblech mit Backpapier auslegen.

2. Hellen Teig auf dem Backpapier verteilen und glatt streichen. Löffelweise dunkle Teigmasse darübergeben. Sauerkirschen auf dem Teig verteilen. Im vorgeheizten Backofen ca. 25–30 Minuten backen. Abkühlen lassen.

3. Aus 500 Milliliter Wasser, Puddingpulver und restlichem Zucker nach Packungsanweisung einen Pudding kochen. Abkühlen lassen. Restliche Butter in eine Schüssel geben und schaumig rühren. Nach und nach abgekühlten Pudding zugeben und gut verrühren. Vanillecreme gleichmäßig auf den Kuchen streichen. Ca. 30 Minuten kühl stellen.

4. Kuvertüre über einem Wasserbad schmelzen. Kokosfett in einem Topf schmelzen und unter die geschmolzene Kuvertüre rühren. Öl unterrühren. Schneewittchenkuchen mit Schokoladenguss überziehen. Bis zum Servieren kalt stellen. Nach Belieben mit Puderzucker bestäuben.

Pro Kuchen: ca. 7478 kcal • 76 g EW • 454 g F • 826 g KH

Zwetschgen-Prasselkuchen

Für 1 Backblech • Zubereitungszeit: ca. 45 Min. + ca. 45 Min. Backzeit

Zutaten

1,2 kg Zwetschgen
500 g Mehl
250 g Butter
200 g Zucker
1 Pck. Vanillezucker
¼ TL Zimt
1 Msp. Backpulver
1 Prise Salz
1 Eigelb
350 g Pflaumenmus

Zubereitung

1. Zwetschgen waschen, trocken tupfen, halbieren und entsteinen. Backofen auf 175 °C (Umluft: 155 °C) vorheizen. Backblech mit Backpapier auslegen.

2. Für die Streusel Mehl in eine Schüssel sieben, Butter in Flöckchen zugeben sowie Zucker, Vanillezucker, Zimt, Backpulver, Salz, Eigelb und 4 Esslöffel kaltes Wasser zufügen. Alles mit den Knethaken des elektrischen Handrührgerätes zu einem Teig verarbeiten. Mit den Händen zu Streuseln kneten. Ca. 2/3 der Streusel auf dem Backpapier verteilen und zu einem Boden andrücken.

3. Streuselboden gleichmäßig mit Pflaumenmus bestreichen. Zwetschgen darauf verteilen und restliche Streusel darüberstreuen. Zwetschgen-Prasselkuchen im vorgeheizten Backofen ca. 45 Minuten backen.

Pro Kuchen: ca. 5798 kcal • 65 g EW • 222 g F • 862 g KH

Hummelkuchen

Für 1 Backblech • Zubereitungszeit: ca. 25 Min. + ca. 30 Min. Backzeit

Zutaten

350 g Butter
6 Eier
450 g Zucker
360 g Mehl
1 Pck. Backpulver
9 EL Sahne
250 g gehobelte Mandeln

Zubereitung

1. Backofen auf 200 °C (Umluft: 180 °C) vorheizen. Backblech mit Backpapier auslegen. 150 Gramm Butter in einem Topf schmelzen und etwas abkühlen lassen. Eier in eine Schüssel geben und mit 250 Gramm Zucker schaumig rühren. Geschmolzene Butter, 300 Gramm Mehl, Backpulver und 6 Esslöffel Sahne unter die Ei-Zucker-Mischung rühren.

2. Teig auf das Backpapier streichen und im vorgeheizten Backofen ca. 15 Minuten backen. Für den Belag restliche Butter in einen Topf geben und restlichen Zucker, restliches Mehl, restliche Sahne und Mandelblättchen zufügen. Umrühren und aufkochen lassen. Butter-Mandel-Mischung auf dem vorgebackenen Boden verteilen und glatt streichen. Im vorgeheizten Backofen weitere ca. 10–15 Minuten backen.

Pro Kuchen: ca. 8054 kcal • 128 g EW • 505 g F • 732 g KH

Schnelle Küche Viele Rezepte aus der DDR zeichnen sich durch ihre schnelle Zubereitung aus. Da Männer wie Frauen berufstätig waren, blieb oft nicht viel Zeit zum Kochen und Backen. Diese Bienenstich-Abwandlung ist ein klassischer Rührkuchen mit Mandel-Karamell-Belag und ist schnell gemacht.

Aprikosen-Käsekuchen

Für 1 Springform • Zubereitungszeit: ca. 30 Min.
+ ca. 1 Std. Kühlzeit + ca. 1 Std. und 20 Min. Backzeit

Zutaten

200 g Mehl
1 Msp. Backpulver
150 g Zucker
3 Eier
1 Prise Salz
100 g Margarine
1 Dose Aprikosen
1 EL gemahlene Mandeln
500 g Magerquark
200 g Sahne
1 Pck. Vanillezucker
2 EL Puddingpulver Vanillegeschmack

Zubereitung

1. Mehl sieben und mit Backpulver, 50 Gramm Zucker, 1 Ei, Salz und Margarine zu einem Mürbeteig verkneten. Zu einer Kugel formen, mit Frischhaltefolie abdecken und ca. 1 Stunde kalt stellen.

2. Backofen auf 200 °C (Umluft: 180 °C) vorheizen. Backform mit Backpapier auslegen und mit Teig auskleiden. Im vorgeheizten Backofen ca. 10 Minuten backen. Etwas abkühlen lassen. Aprikosen über einem Sieb abtropfen lassen und in Spalten schneiden.

3. Abgekühlten Boden mit Mandeln bestreuen. Quark mit Sahne verrühren. Restliche Zutaten schaumig rühren und unter die Quarkmasse heben. Aprikosen auf dem Boden verteilen, Quarkmasse daraufgeben und glatt streichen. Im vorgeheizten Backofen ca. 20 Minuten backen. Temperatur auf 170 °C (Umluft: 150 °C) verringern und weitere ca. 45–50 Minuten backen. Aprikosen-Käsekuchen in der Form abkühlen lassen.

Pro Kuchen: ca. 3476 kcal • 105 g EW • 167 g F • 382 g KH

Lebensmittelstrategien Aprikosen waren in der DDR oft Mangelware, weshalb man auf Dosenfrüchte zurückgreifen musste, die man bei Verfügbarkeit in größeren Mengen kaufen und aufbewahren konnte. Eine weitere Strategie, um frisches Obst und Gemüse vorrätig zu haben, war die Hobbygärtnerei. Die Datsche war die ostdeutsche Version des Schrebergartens und hatte ihre Ursprünge in Russland. Auf einem kleinen Grundstück mit Sommerhäuschen wurden dann all die Lebensmittel angebaut, die im Laden selten zu haben waren.

Sächsischer Kleckselkuchen

Für 1 Backblech • Zubereitungszeit: ca. 45 Min. + ca. 30 Min. Ruhezeit + ca. 30 Min. Backzeit

Zutaten

200 g Butter und etwas Butter für das Backblech
½ Würfel Hefe
625 g Mehl
300 g Zucker
2 Prisen Salz
200 g Löffelbiskuit
175 g gemahlener Mohn
4 Eier
500 g Magerquark
2 Tropfen Butter-Vanille-Aroma
Saft von ½ Zitrone
200 g Erdbeer-Konfitüre

Zubereitung

1. 50 Gramm Butter schmelzen und abkühlen lassen. Hefe etwas zerbröckeln und in 200 Milliliter lauwarmem Wasser auflösen. 375 Gramm Mehl sieben und mit 50 Gramm Zucker und 1 Prise Salz vermischen. Geschmolzene Butter und Hefewasser zugießen und zu einem glatten Teig verkneten. Zugedeckt an einem warmen Ort ca. 30 Minuten ruhen lassen.

2. Für die Mohnmasse 100 Gramm Zucker in 250 Milliliter Wasser aufkochen. Löffelbiskuit fein zerdrücken. Biskuitbrösel und Mohn mit Zuckerwasser übergießen. 50 Gramm Butter und 2 Eier zugeben und alles gut verrühren. Abkühlen lassen.

3. Quark mit 75 Gramm Zucker, 50 Gramm Mehl und restlichen Eiern glatt rühren. Für die Streusel restliche Butter schmelzen. Restliches Mehl, restlichen Zucker und 1 Prise Salz in eine Schüssel geben und vermischen. Geschmolzene Butter, Vanille-Aroma und Zitronensaft zugeben und zu Streuseln verarbeiten. Backofen auf 200 °C (Umluft: 180 °C) vorheizen. Backblech mit Butter ausstreichen.

4. Hefeteig kurz durchkneten und auf dem Backblech ausrollen. Mit 2 Teelöffeln schräg über dem Teigboden abwechselnd Mohn- und Quarkmasse sowie Konfitüre in kleinen Klecksen dicht nebeneinandersetzen. Streusel darüberstreuen. Ca. 30 Minuten im vorgeheizten Backofen backen. Abkühlen lassen und in Stücke schneiden. Nach Belieben geschlagene Sahne dazureichen.

Pro Kuchen: ca. 7554 kcal • 205 g EW • 285 g F • 1043 g KH

Thüringer Mohnkuchen

Für 1 Backblech • Zubereitungszeit: ca. 30 Min. + ca. 30 Min. Gehzeit + ca. 45 Min. Backzeit

Zutaten

300 g Mehl
20 g Hefe
1,5 l Milch
425 g Zucker
250 g Butter
1 TL Vanillezucker
1 Prise Salz
300 g gemahlener Mohn
125 g Grieß
125 g Rosinen
125 g gehackte Mandeln
½ Pck. Puddingpulver Vanillegeschmack
3 Eier

Zubereitung

1. Backofen auf 175 °C (Umluft: 155 °C) vorheizen. Aus Mehl, Hefe, 125 Milliliter Milch, 50 Gramm Zucker, 60 Gramm Butter, Vanillezucker und Salz einen Hefeteig zubereiten. Teig ausrollen und auf ein Backblech mit hohem Rand geben. Teig an einem warmen Ort ca. 30 Minuten gehen lassen.

2. Für die Mohnfüllung ca. 1,25 Liter Milch zum Kochen bringen und Grieß sowie Mohn zugeben. Kurz aufkochen und anschließend abkühlen lassen. 250 Gramm Zucker, 120 Gramm Butter, Rosinen und Mandeln zugeben und gut verrühren. Mohnfüllung auf den Hefeteig streichen.

3. Für die Decke Vanillepudding mit restlicher Milch, restlichem Zucker und restlicher Butter kochen, anschließend abkühlen lassen. Eier trennen und Eigelbe unter den Pudding rühren. Eiweiße steif schlagen und ebenfalls unterheben. Decke auf die Mohnfüllung streichen und Mohnkuchen im vorgeheizten Backofen ca. 45 Minuten backen.

Pro Kuchen: ca. 8891 kcal • 215 g EW • 475 g F • 923 g KH

Sächsischer Osterkuchen

Für 1 Springform • Zubereitungszeit: ca. 35 Min. + ca. 30 Min. Kühlzeit und ca. 1 Std. Backzeit

Zutaten

200 g Mehl und etwas Mehl für die Arbeitsfläche
1 Pck. Backpulver
175 g Butter und etwas Butter für die Form
225 g Zucker
1 Pck. Vanillezucker
1 Prise Salz
6 Eier
3 EL Rum oder Weinbrand
1 kleine Prise Safranpulver
50 g gemahlene Mandeln
80 g Korinthen
Saft von 1 Zitrone
125 g Sahne
500 g Magerquark
Puderzucker zum Bestäuben

Zubereitung

1. Mehl in eine Schüssel sieben und mit ½ Päckchen Backpulver mischen. 125 Gramm Butter, 100 Gramm Zucker, Vanillezucker, 1 Prise Salz und 1 Ei zugeben und mit den Knethaken des elektrischen Handrührgerätes zu einem geschmeidigen Teig verarbeiten. Teig in Folie wickeln und ca. 30 Minuten kalt stellen.

2. Backofen auf 200 °C (Umluft 180 °C) vorheizen. Backform mit Butter ausstreichen. Restliche Butter in einem kleinen Topf schmelzen und abkühlen lassen. Restliche Eier trennen. (Eiweiße kalt stellen und anderweitig verwenden.) 4 Eigelb in eine Schüssel geben und mit restlichem Zucker, 2 Esslöffeln Rum und Safran verschlagen. Mandeln, Korinthen, Zitronensaft, restliche Butter, Sahne und restliches Backpulver zugeben und verrühren. Quark zugeben und alles gut verrühren.

3. Teig in die Form geben und Boden belegen. Rand hochziehen. Quarkmasse einfüllen und glatt streichen. Im vorgeheizten Backofen ca. 50 Minuten backen. Restliches Eigelb mit restlichem Rum verschlagen und Oberfläche des Kuchens damit bestreichen. Kuchen weitere ca. 10 Minuten backen. Herausnehmen, kurz abkühlen lassen und aus der Form nehmen. Mit Puderzucker bestäuben.

Pro Kuchen: ca. 4774 kcal • 132 g EW • 243 g F • 483 g KH

Eierlikörkuchen

Für 1 Napfkuchenform • Zubereitungszeit: ca. 15 Min. + ca. 1 Std. Backzeit

Zutaten

250 g Butter und etwas Butter für die Form
250 g Zucker
4 Eier
250 g Mehl
1 Pck. Backpulver
250 ml Eierlikör

Zubereitung

1. Backofen auf 175 °C (Umluft: 155 °C) vorheizen. Backform mit etwas Butter ausstreichen. Butter in eine Schüssel geben und mit Zucker cremig rühren. Eier nach und nach zufügen und unterrühren. Mehl darübersieben, Backpulver zugeben und alles zu einem Teig verarbeiten. Eierlikör untermischen.

2. Teig in die Backform füllen und im vorgeheizten Backofen ca. 1 Stunde backen (Stäbchenprobe machen!).

Pro Kuchen: ca. 4681 kcal • 63 g EW • 248 g F • 506 g KH

Ersatz im Handumdrehen Falls es keinen Eierlikör in der DDR gab, hat man ihn einfach selbst gemacht: 8 Eigelb und 1 Päckchen Vanillezucker schaumig rühren, langsam 250 Gramm Puderzucker unterrühren und 375 Milliliter Kondensmilch zugeben. Nach und nach 250 Milliliter Rum (54 %) zugeben und unterrühren. Alles im Wasserbad unter Rühren erhitzen (nicht kochen!), bis ein dickflüssiger Eierlikör entsteht. Noch warm in Flaschen abfüllen und im Kühlschrank aufbewahren.

Dresdner Stollen

Für 1 großen oder ca. 6 kleinere Stollen • Zubereitungszeit: ca. 45 Min. + ca. 1 Std. und 15 Min. Ruhezeit + ca. 1 Std. Backzeit

Zutaten

600 g Rosinen
Rum
400 ml Milch
2 Würfel Hefe
1,2 kg Mehl
725 g Butter
abgeriebene Schale von 1 unbehandelten Zitrone
3 Prisen Salz
100 g Zucker
150 g gehacktes Zitronat
100 g gehacktes Orangeat
100 g gehackte süße Mandeln
10 g gehackte bittere Mandeln
10 g Stollengewürz
Puderzucker zum Bestäuben

Zubereitung

1. Rosinen in eine Schüssel geben und mit Rum beträufeln. Über Nacht ruhen lassen.

2. Milch in einem Topf leicht erwärmen und Hefe darin auflösen. Ca. 15 Minuten ruhen lassen. Mehl in eine Schüssel sieben und mit Hefemilch, 600 Gramm Butter, abgeriebener Zitronenschale und Salz zu einem Teig verarbeiten.

3. Zucker in eine Schüssel geben und Zitronat, Orangeat, Mandeln und Stollengewürz zufügen. Alles vermischen und unter den Teig heben. Teig abgedeckt ca. 1 Stunde gehen lassen. Backofen auf 180 °C (Umluft: 160 °C) vorheizen. Backblech mit Backpapier auslegen.

4. Aus dem Teig Stollen formen und auf das Backpapier legen. Im vorgeheizten Backofen ca. 1 Stunde backen. Restliche Butter in einem Topf schmelzen. Den noch heißen Stollen mit flüssiger Butter bestreichen. Auskühlen lassen. In Frischhaltefolie wickeln und in Alufolie verpacken. Kühl lagern. Vor dem Anschneiden mit Puderzucker bestäuben.

Pro Stollen (klein): ca. 2305 kcal • 32 g EW • 114 g F • 275 g KH

Echt hausgemacht Die meisten machen sich heute kaum mehr die Mühe und backen Stollen selbst. Auch in der DDR gab es Stollen zu kaufen, allerdings war dieser meist so teuer, dass der selbst gebackene vorgezogen wurde. Der Stollen sollte vor dem Anschneiden mindestens 2 Wochen durchziehen. Wer ein Holzgefäß zu Hause hat, legt den Stollen hinein und umwickelt ihn mit einem Leinentuch.

Honigkuchen vom Blech

Für 1 Backblech • Zubereitungszeit: ca. 15 Min. + ca. 30 Min. Backzeit

Zutaten

250 g Honig
125 ml Milch
250 g Butter
3 Eier
375 g Mehl
2 EL Kakaopulver
100 g gehackte Schokolade
125 g gehackte Nüsse
125 g Rosinen
125 g Korinthen
1 TL Lebkuchengewürz
1 TL Hirschhornsalz
1 Pck. Schokoladenglasur

Zubereitung

1. Honig und Milch in einen Topf geben und aufkochen. Abkühlen lassen. Backofen auf 200 °C (Umluft: 180 °C) vorheizen. Backblech mit Backpapier auslegen.

2. Butter in eine Schüssel geben und mit Eiern, Mehl und Kakao verrühren. Gehackte Schokolode, gehackte Nüsse sowie Rosinen und Korinthen, Lebkuchengewürz und Hirschhornsalz zufügen und zu einem dickflüssigen Teig verrühren.

3. Teig auf das Backpapier streichen und im vorgeheizten Backofen ca. 20–30 Minuten backen. Abkühlen lassen und Honigkuchen mit Schokoladenglasur überziehen.

Pro Kuchen: ca. 7099 kcal • 106 g EW • 377 g F • 778 g KH

Baumkuchen

Für 1 Springform • Zubereitungszeit: ca. 45 Min.

Zutaten

250 g Butter und etwas Butter für die Form
250 g Zucker
1 Pck. Vanillezucker
15 Eier
1 EL Rum
200 g Mehl
2 TL Backpulver
75 g Stärkemehl
35 g Kokosfett
50 g Kakaopulver
250 g Puderzucker

Zubereitung

1. Backofen auf 160–175 °C (Umluft: 140–155 °C) vorheizen. Backform mit Butter ausstreichen. Butter in eine Schüssel geben und mit Zucker und Vanillezucker cremig rühren. Eier trennen (es werden 15 Eigelbe und 5 Eiweiße benötigt; restliches Eiweiß anderweitig verwenden). Eigelbe nach und nach unterrühren. Rum zugeben. Mehl, Backpulver und Stärkemehl vermischen und unter die Buttermasse rühren. 5 Eiweiße steif schlagen und unter den Teig heben.

2. Boden der Springform dünn mit Teig bedecken und im vorgeheizten Backofen goldgelb backen. Eine weitere dünne Schicht Teig daraufgeben und goldgelb backen. So verfahren, bis die gesamte Teigmenge aufgebraucht ist.

3. Kokosfett in einem Topf schmelzen und mit Kakao und Puderzucker eine Glasur anrühren. Baumkuchen damit bestreichen.

Pro Kuchen: ca. 6444 kcal • 98 g EW • 351 g F • 721 g KH

Erfurter Schittchen

Für 2 Schittchen • Zubereitungszeit: ca. 1 Std. + 12 Std. Einweichzeit + ca. 5 Std. und 30 Min. Ruhezeit + ca. 1–1½ Std. Backzeit

Zutaten

125 g Rosinen
75 g Korinthen
300 ml Rum
1 kg Mehl
100 g Hefe
250 ml lauwarme Milch
125 g Zucker
1 Pck. Vanillezucker
1 Prise Salz
700 g weiche Butter
125 g süße enthäutete Mandeln
25 g bittere enthäutete Mandeln
125 g gehacktes Zitronat
75 g gehacktes Orangeat
abgeriebene Schale von 1 unbehandelten Zitrone
Puderzucker zum Bestäuben

Zubereitung

1. Am Vortag Rosinen und Korinthen waschen und in Rum einweichen. 500 Gramm Mehl sieben und in die Mitte eine Mulde drücken. 50 Gramm Hefe zerbröckeln und in ca. 50 Milliliter Milch auflösen. Hefemilch mit 3 Teelöffeln Zucker in die Mulde gießen und alles zu einem mittelfesten Teig verarbeiten. Abgedeckt ca. 3 Stunden an einem warmen Ort ruhen lassen.

2. Restliches Mehl, restliche Hefe, restlicher Zucker, Vanillezucker, 1 Prise Salz und 500 Gramm Butter mit restlicher Milch zugeben und alles zu einem geschmeidigen Teig verarbeiten.

3. Mandeln, Zitronat und Orangeat, abgeriebene Zitronenschale sowie eingeweichte Rosinen und Korinthen zugeben und unterkneten. Teig zugedeckt weitere ca. 2 Stunden an einem warmen Ort ruhen lassen. Nochmals kräftig durchkneten und zugedeckt weitere ca. 30 Minuten ruhen lassen. Backofen auf 180 °C (Umluft: 160 °C) vorheizen. Backblech mit Backpapier auslegen.

4. Teig in ca. 1 Kilogramm schwere Teigstücke teilen und zu Schittchen formen: Teig wie ein Brot formen und in die Mitte längs eine Kerbe hineindrücken. Schittchen im vorgeheizten Backofen ca. 1–1½ Stunden goldgelb backen. Restliche Butter schmelzen und Schittchen damit großzügig bestreichen. Mit Puderzucker bestäuben.

Pro Schittchen: ca. 6271 kcal • 86 g EW • 341 g F • 610 g KH

Eberswalder Spritzkuchen

Für ca. 15 Stück • Zubereitungszeit: ca. 45 Min.

Zutaten

200 ml Milch
100 g Butter und etwas Butter für das Backpapier
15 g Zucker
1 Prise Salz
150 g Mehl
5 Eier
Fritierfett
150 g Puderzucker
2 EL Zitronensaft

Zubereitung

1. Milch in einen Topf geben. Butter, Zucker und Salz zufügen und aufkochen. Topf vom Herd nehmen. Mehl einrühren. Topf wieder auf den Herd stellen und bei geringer Hitze mit einem Holzlöffel so lange rühren, bis sich der Teig als Kloß vom Topfboden löst und sich eine weiße Schicht am Boden bildet.

2. Warme Brandmasse in eine Schüssel füllen und lauwarm abkühlen lassen. Eier einzeln unter den Teig rühren, bis er glänzt. Brandteig portionsweise in einen Spritzbeutel mit Sterntülle füllen.

3. Frittierfett in einem Topf erhitzen. Backpapier in Quadrate (ca. 10 Zentimeter x 10 Zentimeter) schneiden und mit Butter ausstreichen. Brandteig in Form von Kränzen auf das Backpapier spritzen.

4. Backpapier in das siedende Fett tauchen und Spritzkuchen schwimmend auf beiden Seiten goldbraun backen. Mit einem Schaumlöffel herausnehmen, auf Küchenpapier abtropfen lassen und auf einem Kuchenrost erkalten lassen.

5. Für den Guss Puderzucker sieben und mit Zitronensaft und eventuell etwas heißem Wasser glatt rühren, sodass eine dickflüssige Masse entsteht. Spritzkuchen mit dem Guss bestreichen.

Pro Stück: ca. 217 kcal • 4 g EW • 14 g F • 19 g KH

Leipziger Lerchen

Für ca. 12 Stück • Zubereitungszeit: ca. 30 Min. + ca. 30 Min. Ruhezeit + ca. 30 Min. Backzeit

Zutaten

250 g Butter und etwas Butter für die Förmchen
325 g Mehl
5 Eier
1 TL Weinbrand
1 Prise Salz
70 g Zucker
150 g Puderzucker
1 EL Stärkemehl
150 g geriebene Mandeln
etwas Bittermandel-Aroma
250 g Aprikosen-marmelade

Zubereitung

1. 125 Gramm Butter in einem Topf schmelzen. 250 Gramm Mehl in eine Schüssel sieben und mit 1 Ei, Weinbrand und 1 Prise Salz vermischen. Zucker und flüssige Butter zufügen und alles zu einem Teig verrühren. Teig abgedeckt ca. 30 Minuten ruhen lassen.

2. Für die Füllung restliche Butter in eine Schüssel geben und schaumig schlagen. Puderzucker, Stärkemehl, Mandeln und Bittermandel-Aroma zugeben und verrühren. Restliche Eier trennen. 4 Eiweiße steif schlagen und unterheben. Backofen auf 180 °C (Umluft: 160 °C) vorheizen. Kuchenförmchen oder Muffinförmchen (ca. 6 Zentimeter Durchmesser) mit Butter ausstreichen.

3. Teig ca. ½ Zentimeter dick ausrollen. Kuchenförmchen mit Teig auslegen. Marmelade durch ein Sieb streichen und auf dem Teig verstreichen. Füllung darübergeben. Restliche Teigreste zu Streifen verarbeiten und 2 Streifen über Kreuz auf die Füllung legen.

4. Leipziger Lerchen im vorgeheizten Backofen ca. 20–30 Minuten goldgelb backen. Herausnehmen und aus den Förmchen lösen. Auf einem Kuchenrost auskühlen lassen.

Pro Stück: ca. 483 kcal • 8 g EW • 26 g F • 52 g KH

Windbeutel

Für 8 Stück • Zubereitungszeit: ca. 25 Min.
+ ca. 20 Min. Backzeit

Zutaten

65 g Margarine und etwas Margarine für das Backblech
1 Prise Salz
120 g Mehl und etwas Mehl für das Backblech
30 g Speisestärke
3–4 Eier
400 g Sahne
1 TL Zucker
Puderzucker zum Bestäuben

Zubereitung

1. Backofen auf 225 °C (Umluft: 205 °C) vorheizen. 250 Milliliter Wasser in einen Topf geben und mit Margarine und Salz aufkochen. Vom Herd nehmen und Mehl und Speisestärke zufügen. Alles zu einem glatten Teigkloß verrühren. Ca. 1 Minute unter ständigem Rühren erhitzen („abbrennen“).

2. Teig in eine Schüssel geben und 3 Eier nacheinander mit den Knethaken des elektrischen Handrührgerätes unter den Teig arbeiten. Restliches Ei verschlagen und nur so viel unter den Teig arbeiten, bis er stark glänzt und lange Spitzen am Knethaken hängen bleiben. Backblech mit Margarine ausstreichen und mit etwas Mehl bestäuben.

3. Teig in einen Spritzbeutel mit Sterntülle füllen und Teighäufchen auf das Backblech spritzen. Im vorgeheizten Backofen ca. 20 Minuten backen. Deckel abschneiden und Windbeutel auf einem Kuchenrost abkühlen lassen. Sahne in eine Schüssel geben, Zucker zufügen und steif schlagen. Abgekühlte Windbeutel mit Sahne füllen und Deckel wieder aufsetzen. Mit Puderzucker bestäuben.

Pro Stück: ca. 324 kcal • 6 g EW • 24 g F • 20 g KH

Rezeptregister

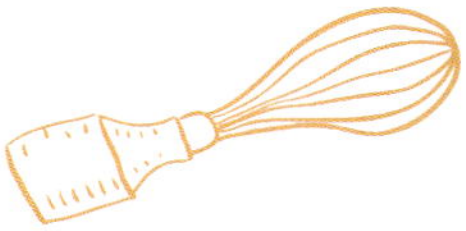

Bildnachweis

Fotolia: 2 StefanieB., 3 re. Superhasi, 3 Mi. Kitty, 39 StefanieB., 69 u. re. Marén Wischnewski, 75 Heike Rau, 79 A_Lein, 85 o. re. Kitty, 91 StefanieB., 93 o. li. elladoro, 95 HandmadePictures, 123 u. re. Superhasi;

Shutterstock:, 2 Mi. minadezhda, 2 li. Shebeko, 3 li. wsf-s, 4 mann7429, 5 pittaya, 6 wsf-s, 7 Azdora, 9 u. li. comeirrez, 9 o. li. Lunov Mykola, 9 o. re. ziashusha, 9 u. re. Mariana Medvedeva, 11 o. re. Anton Bogodvid, 11 o. li. Shebeko, 11 u. Yuriityt, 13 Mariana Medvedeva, 15 u. li. AnjelikaGr, 15 o. li. Joerg Beuge, 15 o. re. cobraphotography, 15 u. re. KucherAV, 17 Christian-Fischer, 19 u. re. hlphoto, 19 o. re. ffolas, 19 o. li. Gayvoronskaya_Yana, 19 u. li. Robyn Mackenzie, 21 Shebeko, 23 o. li. Adriana Nikolova, 23 u. Teresa Kasprzycka, 23 o. re. BravissimoS, 25 gorillaimages, 27 A. Zhuravleva, 29 Kalinka Georgieva, 31 o. re. Sipovich Aliona, 31 o. li. Lisovskaya Natalia, 31 u. Dar1930, 33 Karl Allgaeuer, 35 minadezhda, 37 ziashusha, 41 u. re. Grekov's, 41 u. li. KHUTORNAIA SVETLANA, 41 o. li. Viktor1, 41 o. re. CGissemann, 43 st-fotograf, 45 Lunov Mykola, 47 photo-oasis, 49 comeirrez, 51 Ivan Mateev, 53 u. re. Gamzova Olga, 53 o. re. Sea Wave, 53 o. li. Joerg Beuge, 53 u. li. Alfa Photostudio, 55 Marina Onokhina, 57 u. re. MicrostockStudio, 57 u. li. SherSor, 57 o. li. Microstock-Studio, 57 o. re. Ramon Espelt Photography, 59 MariaKovaleva, 61 u. li. Karpenkov Denis, 61 u. re. MariaKovaleva, 61 o. re. AlenaKogotkova, 61 o. li. Wiktory, 63 AGfoto, 65 Ildi Papp, 67 u. li. Viktory Panchenko, 67 u. re. Azdora, 67 o. li. MShev, 67 o. re. Marina Shanti, 69 u. li. stockcreations, 69 o. re. margouillat photo, 69 o. li. July Prokopiv, 71 wsf-s, 73 u. re. Skinfaxi, 73 u. li. HandmadePictures, 73 o. AlexBuess, 77 MShev, 81 ffolas, 83 MShev, 85 u. re. aaabbbccc, 85 u. li. Elena Demyanko, 85 o. li. ffolas, 87 AS Food studio, 89 u. re. HandmadePictures, 89 u. li. jeehyun, 89 o. re. Stockphoto-Video, 89 o. li. Africa Studio, 93 u. re. Natasha Breen, 93 u. li. Liv friis-larsen, 93 o. re. Malivan_Iuliia, 97 CGissemann, 99 pingpongcat, 101 u. li. ninikas, 101 o. re. Diana Taliun, 101 u. re. kai keisuke, 101 o. li. Lana Langlois, 103 Tatiana Vorona, 105 AnikonaAnn, 107 u. re. Jiri Hera, 107 u. li. Diana Taliun, 107 o. li. Prostock-studio, 107 o. re. a9photo, 109 StockphotoVideo, 111 Azdora, 113 MShev, 115 ffolas, 117 Stepanek Photography, 119 Marina Shanti, 121 Agnes Kantaruk, 123 u. li. lenakorzh, 123 o. re. Natasha Li, 123 o. li. Eskymaks, 125 Viktory Panchenko; Cover: großes Bild Yuriityt, u. Mi. wsf-s; u. re. Azdora, u. li. minadezhda

Impressum

Genehmigte Sonderausgabe für Weltbild GmbH & Co. KG, Werner-von-Siemens-Str. 1, 86159 Augsburg

Besuchen Sie uns im Internet: www.weltbild.de

ISBN 978-3-8289-2895-4

Komplettproducing: twinbooks, München
Text und Lektorat: Jana Lösch, Melanie Goldmann, Eva Hutter für twinbooks, München